La realidad, las apariencias y la *configuración predeterminada*

No cambies el mundo, compréndelo.

*

Que todos hagan lo mismo no indica la realidad.
La realidad es que todos hacen lo mismo.

*

Temen más las mujeres ejercer sus derechos,
que los hombres compartir los suyos

*

Este libro puede irritar a las personas religiosas.
El autor existe, pero no asume responsabilidades.

ÍNDICE

Introducción

1). No podemos ir a las estrellas como un desordenado conjunto de etnias a cual más salvaje y codiciosa. Haríamos la guerra en cualquier circunstancia. Conquistar o ser conquistados es lo que aprendimos en la vieja escuela de la naturaleza. Tampoco podríamos ir como fuimos a América, con la cruz en una mano y la espada en la otra. Seriamos el hazmerreír del universo, los payasos del cosmos, un planeta de cuarta. Ni siquiera se molestarían en eliminarnos. Suficiente oprobio tienen consigo mismos, dirían con compasión.

2). La manipulación del código genético —al alcance de todos— nos conducirá en los próximos siglos a fundirnos en una sola etnia. La selección de los genes ya no estará a cargo de la naturaleza, todo sucederá en un laboratorio. Inexorablemente, a trancas y barrancas, con ética o sin ella, saldremos de la naturaleza y crearemos al superhombre. El sueño de Nietzsche será realidad. Recién entonces podremos ir a las estrellas con la frente despejada y hacer contacto serio con otras civilizaciones. Esperemos que sean gente como uno.

3), El sistema económico que gobierna el mundo, es el mismo capitalismo de los fuertes y los débiles ya diseñado por la naturaleza hace miles de siglos. Salvaje y nada civilizado. Obramos igual que una manada de chimpancés. Además de usurpar territorios, someter a los débiles y apropiarse de las riquezas de la naturaleza, el sistema consiste en hacer escaso lo abundante y costoso lo gratis.

4), Conocer y aceptar la realidad oculta tras las apariencias, es el único alivio a la angustia de existir. El miedo elige líderes o dioses que nos ponen de rodillas.

5). Creímos que el raciocinio bastaba para construir una sociedad civilizada pero nunca dejamos de ser salvajes. Hay quienes dicen que somos los peores y no les faltan razones. La inteligencia nos excluye del natural proceso de evolución o adaptación al medio.

6). Que vivimos en un escenario, que representamos una obra escrita hace muchos años por el *poder organizado*. Que nos engordan y exprimen como pollos de criadero. Que comemos alimentos provistos por monopolios, adquirimos las mismas enfermedades y consumimos las mismas pastillas. Que no somos personas sino datos en las estadísticas, utilidades en los balances. Que generamos dinero desde antes de nacer hasta después de morir. Que los muertos famosos, prácticamente inmortales, son lo más redituables.

7). Como todo opuesto que se precie, la vida y la muerte van siempre de la mano. Cada molécula que respiramos, cada alimento que ingerimos, incluye a las dos. Ambas se acumulan hasta que una supera a la otra. Si la alimentación y respiración fueran perfectas, las células no se oxidarían. La energía empleada en transformar la energía tampoco se pierde, nos convierte en cadáveres de un solo uso.

8). Aunque suene a vocinglería anti-sistema, este libro es un canto de amor a la vida y del raciocinio que nos permite valorarla. No estamos en contra de nada y tampoco anunciamos el reino de los cielos. Solo mostramos la realidad de nuestra civilización, cuyo salvajismo, muy bien camuflado, es el mismo de la naturaleza. Sabiendo que somos extras de una obra que ella misma ha escrito, que corrige constantemente y que la inteligencia no ha logrado superar, nuestro breve paso por la vida podría ser más aprovechable. Para sobrevivir en la naturaleza un enemigo es imprescindible. Si nos apartamos de ella, podríamos en un futuro más o menos cercano y antes de embarcarnos a las estrellas, prescindir del otro.

1 - La era de lo ridículo

1). Los valores por los que la sociedad humana define su conducta, no son más que un sigiloso fraude forjado a través de los siglos. Una enmarañada estructura de poder en la que sus integrantes están interrelacionados como neuronas y dendritas. Llamaremos *poder organizado* a ese entramado de artificios en que se asienta la ambición. A esa arrogante supremacía ansiosa de impunidad. A esa silenciosa entente en que nada está escrito pero en la que todos sus miembros consienten. A esa cofradía despiadada donde la vida y la muerte se definen por la utilidad que aporten. A la *configuración predeterminada* que organiza la vida de la gente para que coman, enfermen y mueran según las probabilidades estadísticas. A esa otra siniestra entente entre el dinero y la religión para que las exacciones del poder parezcan previsiones divinas. A ese conjunto de ilusiones que conforman el escenario donde se desarrolla la vida diaria de la manada humana, la que más interesa al poder. A las reiteradas promesas de bienestar, que aún siguen pregonando y nunca cumplirán. A ese disimulado canibalismo de las grandes, medianas y pequeñas corporaciones. A la molicie de los políticos que, tumbados en las reposeras de algún crucero, disfrutan prebendas pagadas por el trabajo ajeno. A ese cúmulo de trivialidades con que los medios de prensa estimulan la ignorancia de las masas. A esa oscura complicidad atávica de proteger los hijos propios y envilecer los ajenos.

2). Una imaginaria valoración de la historia humana, desde el comienzo de la llamada civilización, nos haría pasar vergüenza. La mentada evolución es solo científica y tecnológica. Por lo demás, disfrazados de sapiencia y ataviados a la moda, aún seguimos en el paleolítico. Los fracasos no son de las instituciones sino del hombre. Se pueden redactar leyes que cubran cada segundo de su existencia, que siempre sabrá bucear en su propia degradación. Las normativas propias de una convivencia en sociedad están bien diseñadas. Quién aún no lo está es el amaestrado, pero no civilizado, usuario.

3). La democracia, el gobierno del pueblo, no ha fracasado pero la codicia la ha denigrado. Manipulada por los medios, las religiones y el *poder organizado*, es una disimulada forma de absolutismo. Hay más corruptos que clérigos creyentes o políticos patriotas. Gobierne quien gobierne, las corporaciones financieras y religiosas ejercen el poder real.

4). El cristianismo sí ha fracasado. En sus más de dos mil años de existencia no ha logrado ninguno de sus objetivos. Con la excusa de la riqueza espiritual se apropia de la material. El momento en que pudimos amarnos los unos a los otros y los camellos no pasaban por el ojo de una aguja, fué muy breve. Las agujas actuales son muy grandes y los camellos insignificantes. El cristianismo iza la bandera del amor pero predica el odio. Se mete en la privacidad de las personas para envilecer sus relaciones de intimidad, sexo y amor. La sexualidad femenina, salvo la de *sin pecado concebida,* es el germen de todos los males.

5). Los dioses también han fracasado. De adalides de la virtud se transformaron en mercenarios del poder. El auténtico y verdadero dios de la humanidad es el dinero. Los mismos evangelios cristianos lo reconocen así. Informan, con total claridad, cuál es el precio de mercado que tiene un dios en la Tierra: treinta monedas de plata. Nadie lo hubiera vendido por menos ni nadie habría pagado una de más.

6). El capitalismo, un sistema que copia a la naturaleza y se devora a sí mismo, también ha fracasado. Funciona en un medio animal pero es destructivo en uno racional. El poder de los más fuertes es excelente para la selección de genes en la selva, pero ridículo en una sociedad que los conoce y manipula a *piacere*. Su economía tiene sentido en manadas de primates o leones, no en una regida por normas culturales. El poder humano, una riqueza falsa que detenta una minoría, proporciona lujo y ostentación pero no aporta valores a la especie. Incapaz de sostenerse por sí mismo, el capitalismo se come la cola a la vista de todos pero nadie repara en ello. La carrera por el dinero no se detiene ni para reparar los daños al medio ambiente. Los irracionales matan, comen, defecan y copulan, pero no destruyen.

7). La igualdad social es una zanahoria que esgrime la entente político-religiosa. Saben que no será posible, pero no dejan de recurrir ella para conseguir adeptos y votos. ¡Qué sigan los ricos y que sigan los pobres! Pero no ricos demasiado ricos ni pobres demasiado pobres. Un poco menos de todo y un poco más de algo. Asociamos la pobreza con la inanición. Es lo menos importante. El hambre es fácil de resolver, basta con hacer emotivas campañas en las puertas de los supermercados, para que la gente entregue dinero a los ricos a cambio de alimentos para los pobres. Una promoción indigna, muy propia del sistema que nos rige. La ausencia de educación es lo que define a la pobreza.

8). El comunismo, la dictadura del capitalismo, ha fracasado. ¡Parecía tan revolucionario! Llegar al poder por la izquierda es fácil, pero ejercerlo solo es posible desde una posición de derecha… con una religión y un enemigo. En el territorio del *poder organizado* lo racional se olvida, lo salvaje prevalece y la manada, nutrida de nuevas promesas, retoma el yugo.

9). Los parches, ideas milagrosas que surgen cada tanto, son encimados sin ton ni son y duran hasta el siguiente parche. La codicia vuelve todo a la realidad.

10). La religión es el instinto de la conducta. Pertenece a la naturaleza tanto como el capitalismo. Unos hacen miel, algunos pastan y otros cazan. Las conductas comunes definen a las especies, como el cristianismo a los cristianos y el islamismo a los musulmanes. Se diferencian por sus exigencias dietéticas y la arrogancia de ser mandatarias del único dios verdadero entre tantos dioses verdaderos. Todas reclaman la sumisión en la Tierra a cambio de una bienaventuranza… que solo Dios sabe cuándo, cómo y dónde.

11). La libertad del hombre no les conviene ni siquiera a quienes la pregonan. Nuestra cacareada civilización no es más que un guion. De hecho, trascurre en un escenario.

12). La organización del poder humano, incólume a través de los siglos, los dioses y los parches, es siniestra, poderosa e inamovible. Se turnan los gobiernos, pero los que mandan son siempre los mismos. En la mesa del *poder organizado* solo se sientan tres invitados: el dinero, la religión y el imprescindible enemigo de uno de la otra.

13). La sociedad humana tampoco se diferencia mucho de lo dispuesto en la naturaleza. Una élite ostenta el poder, una población resignada se conforma con algunos restos y los pobres reciben migajas de la riqueza negativa, la caridad. Ser rico en la naturaleza consiste en comer y reproducirse. En nuestra sociedad solo significa lujo, exceso, derroche.

14). La gestión humana —no electrónica— de las instituciones es lo que las lleva a la deshonra. A la vista del dinero y el poder se manipulan leyes y parches. En el arte de trasgredir, vemos el alto grado de desarrollo de la inteligencia subordinada a la rapacidad.

15). El *punto de restauración del sistema* humano sería aquél en que la inteligencia no nos liberó del salvajismo. Saber cosas que otras especies ignoran, no nos hace superiores.

16). Los animales salvajes, irracionales pero no tontos, aceptan a la naturaleza sin remilgos. Los humanos tejemos un entramado de fantasías, mitos, creencias, leyes, edificios, fusiles y aviones. Lo llamamos *civilización*. Estamos en primer lugar en la escala biológica pero nadie lo ha confirmado. Solamente lo decimos nosotros.

17). Nacemos solos y salvajes, sin dioses ni demonios. La *civilización* es adquirida a posteriori. En las escuelas se nos instruye sobre una realidad cuyo decorado, descrito por los medios de comunicación, consiste en leyes que no se cumplen, democracia manipulada, canibalismo económico, justicia envilecida y dioses de nada, ni siquiera de sí mismos.

18). La realidad no sucede en el escenario, pero la vida que ponemos allí es la única que tenemos. Ninguna otra especie se llama a engaño. Antes que rodearla preferimos año tras año, tropezar con la misma piedra pintada de hada milagrosa. Las religiones son como la grasa que le ponen en los ojos a los toros de lidia para nublarles la visión.

19). Antiguamente se quemaban libros en las plazas públicas. Ilustrar era peligroso. Hoy se editan muchos y cada vez más mediocres. Embrutecer sin fuego. Los medios de prensa pregonan tres conductas básicas: consumir, consentir y votar sin elegir.

20). Somos actores de nuestra propia vida. Una obra que ha batido récords de permanencia en cartel. El aprendizaje es doloroso. Ni bien salimos de la apacible oscuridad del útero a la temible luz de la civilización, soltamos el llanto. Lección número uno. Se ingresa luego al escenario del *poder organizado*. Creemos que escribimos la historia pero en realidad, nos la están dictando. Es fácil confundirse.

21). Este libro no pretende modificar lo que ha sido varias veces modificado. Solo muestra la realidad oculta tras una civilización diseñada para unos y otros. Una manada.

22). Los fiascos están a la vista y es imposible ignorarlos. La revolución industrial ha fracasado, la Tierra está repleta de polución. Los políticos han fracasado, de una manera u otra, terminan envueltos en la corrupción. La economía ha fracasado, los bienes tienen precio pero no valor; son basura y contaminan. Ninguna religión cumplió sus ideales de amor, paz y hermandad. Más bien sembraron odio y confrontaciones. Dios, luego de dos mil años de cristianismo, ya no convence a nadie con su manido discurso de pecado y salvación.

23). Los años de prueba fueron muchos. No se han evitado las guerras ni la pobreza ni la discordia. El poder promueve las divisiones territoriales, políticas y sociales. Manipular grupos es más fácil. Los pecados son moneda de cambio; unas plegarias a nadie y a empezar de nuevo. En cambio, sabemos más del universo que nuestros ancestros. Los científicos tiran del carro y los religiosos lo enfangan. La inteligencia no ha sido capaz de crear una sociedad de valores culturales para una convivencia sin salvajismo. El coeficiente intelectual de los que pintaban las paredes de las cavernas era en exceso, superior al actual.

24). Los políticos de hoy recuerdan a los conquistadores que antaño llevaban chucherías a los indígenas, a cambio del maleable metal perenne que utilizaban para sus bricolajes.

25). El advenimiento de la clase media y la Unión Europea son los únicos cambios, en verdad reales habidos en la sociedad humana. Otras asociaciones se dividieron y volvieron a unirse bajo distintos nombres… y volvieron a separarse… y volvieron…Conflictos de líderes, luchas de machos o hembras dominantes. Las manadas son las mismas.

26). La riqueza de una nación es el fruto de sus recursos naturales y del esmero con que sus habitantes los cultivan. Los miembros del *poder organizado,* infiltrados en los estamentos sociales y económicos, se quedan con una buena parte. La mafia no es un invento humano, forma parte de la estructura de simbiosis propias de la naturaleza. Sumisión a cambio de seguridad. A partir del miedo de los humildes se construye una estructura de conductas que se apropia del poder. El líder solo es figurativo. Podemos definir la palabra gobernar como el arte de apropiarse de la riqueza de una población a cambio de patrocinios sociales. Pagar para vivir. La propia naturaleza es eso a fin de cuentas, un *establishment* que controla la vida de todo el mundo… y la nuestra también.

27). Los independientes son personajes aislados, extravagantes y, a juicio del *poder organizado*, grotescos. Tienen la costumbre de pensar. No es malo, pero algunos predican e ilustran al pueblo. Entonces, la cosa cambia. El predicador es tildado de subversivo, terrorista, delincuente, traidor o corrupto. Las difamaciones sexuales dan excelentes resultados. La muerte del profeta o mesías deja todo como estaba con la ventaja adicional de ser convertirlo en leyenda. Si vivo era un peligro, muerto es un aliado.

28). Imbuidos de idealismo muchos libertadores, mesías, profetas o adalides revolucionarios, mueren por sus banderas o sus dioses. Solo es un *reality show*. El poder, que permanece incólume a través de los siglos, los crea, los patrocina, los estimula y los mata.

29). Nunca es tarde para ver la realidad pero si para reaccionar. Nuestra única vida ha sido utilizada para regodeo de bancos, tabacaleras, corporaciones, traficantes, políticos, religiosos y medios de comunicación. En realidad, todos se canibalizan entre sí. Nada es como nos enseñaron. Hemos representado una obra ajena. Luego, avergonzados por haber creído, nos cobijamos en la muletilla de... ¡qué tiempos aquellos!

30). Los políticos solo tienen el usufructo del poder. En realidad, el poderoso es el que obedece, no el que manda. El *consumo inteligente* puede alterar todo el sistema. La economía de lo superfluo es de rápida rotación; el dinero circula a gran velocidad y, con la misma rapidez, cae el valor de los productos destinados a la basura. El *consumo inteligente* reduce la velocidad del dinero, mantiene el valor de los bienes, la pureza del aire, del agua y de la tierra. Los que son importantes para la vida tendrán siempre un valor residual y servirían por muchos años antes de su reciclaje.

2 - La historia y el *poder organizado*

1). Somos vagos y tenemos miedo. Mientras nos confundimos en el medio de la manada, vamos tras el líder. El camino nos es así señalado. Intercambiar energía hasta que volvamos a repetirnos es una conducta natural. Vivir es un ciclo de ir, regresar y volver a ir… siempre a los apurones. Las conductas predeterminadas no dan lugar a imaginar siquiera la existencia de otras. El famoso mito de las cavernas subsiste a pleno.

2). Los países con mucho armamento, grandes potencias que les llaman, son los más desesperados. Dicen por favor pero exhiben la pistola. Acuden a guerras lejanas para combatir con sus propios miedos. Hay enemigos por todas partes. Su maquinaria de propaganda los tilda de *amenazas al mundo libre* y, sin que nadie se lo haya pedido, asumen la paternidad de la especie. Desde que el *mundo libre* convocaba las cruzadas, no dejamos de incordiar, invadir y saquear a los países de oriente medio. Dios o Alá eran excusas tan buenas como el petróleo o los accesos al mar. Los imperios se yerguen sobre sus víctimas hasta que les toque ser victimizados. Ellos mismos generan la carcoma que los destruye por dentro. El cristianismo terminó con el imperio romano. El norteamericano, temeroso y armado hasta los dientes, sigue sus pasos.

¿Lograremos saber algún día cuál es la *amenaza,* real no ficticia, que se cierne sobre el *mundo libre,* si es que hay uno? Las naves al espacio salen de oriente y occidente. La misma tecnología, la misma gente, distintos dioses. ¿Cómo nos presentaremos ante posibles civilizaciones del universo? Las conductas atávicas laten aún en nuestro código genético. Ni bien sepamos de la existencia de otras culturas en las estrellas, toda nuestra estructura social de leyes, dioses y demonios, se vendrá abajo en el acto. Desnudos somos la realidad.

3). Algunas ideas lograron cambios en la historia. Luego de un tiempo de euforia —y de violencia— las migajas perecederas son incorporadas al *establishment* y todo sigue igual pero distinto… o al revés. Las revoluciones son bailes de máscaras, solo cambian los disfraces. Los idealistas, predicadores, benefactores, conquistadores o mercenarios que lucharon por la justicia, por una bandera o símbolos religiosos, terminaron sirviendo al mismo poder que combatían. Si pensamos que en la naturaleza el que no mata es muerto, la conducta de gobernantes y gobernados, aunque sea racional, es salvaje y se reinicia en cada generación.

4). Queremos arreglar las cosas por las buenas pero en realidad, más o menos disimulada, lo hacemos con violencia. Para lograr una sociedad en verdad civilizada, debemos abandonar la naturaleza. Como a cualquier sistema de poder, a ella tampoco le gusta la inteligencia. Debemos alejarnos y dejar de modificarla, cosa que tampoco le gusta. Del lado de afuera sabremos cuidar el de la vida. Una civilización humana, más cultural que natural, avanza con parsimoniosa lentitud sobre la bestialidad animal que nos posee. Tarde o temprano abandonaremos la naturaleza de la Tierra y entonces sí habremos salido de la caverna.

5). Tras el tradicional ritual de lavarse las manos antes de un *juicio justo*, los individuos que van delante del futuro, son crucificados o asesinados en circunstancias necesariamente trágicas, como para poder construir un mito con ellas. Jesús, Gandhi o el *Che* Guevara pasaron a ser exitosas leyendas al servicio del *poder organizado*. Uno más moderno es Walt Disney. Con componentes repetidos en películas, más o menos todas iguales, el genio original fue transformado en embaucador de conductas adultas e infantiles. La naturaleza no podrá quitarnos la inteligencia como le gustaría hacerlo, pero si usarla para embrutecernos

6). Jesucristo fue un líder que movilizaba multitudes. El *establishment* se sintió amenazado y decidió matarlo. Es lo habitual. La cruz se convirtió en historia, el *poder organizado* fue cristiano y su llama, ayudada por la sangre —nunca ausente en estos casos— de ingenuos mártires, se extendió por el mundo sin que ello modificara nada. Con otros dioses y costumbres, el poder político siguió siendo el mismo de antes. Su mejor aliada, la ignorancia, se expandió con similar rapidez. Cambiaron los dioses, es cierto, pero, ¿a quién le importa eso? En la mesa del poder siempre hay asientos libres para dioses influyentes. Un Jesucristo vivo podría haber accedido al poder mientras otro, más idealista, ocuparía la cruz. Nadie pagó un céntimo por su vida pero sí por su muerte.

7). Sean faraones, emperadores romanos o norteamericanos, cristianos, judíos, musulmanes o comunistas; con la cruz, el águila, la hoz y el martillo, el *poder organizado* es siempre el mismo. No faltan libros, considerados sagrados que, en nombre de Dios, dan fe de ello. Tienen distintos títulos y dudoso origen. Dictan las conductas sociales y además las dietéticas.

8). A largo plazo, cualquiera sea el resultado electoral, uno o dos participantes se alzan con todas las fichas. Así, como una partida de póquer, funciona el sistema capitalista de la naturaleza. La envilecida democracia de hoy consiste en votar a nuestros propios verdugos.

9). Toda inmolación revolucionaria es inútil y solo aporta publicidad al *poder organizado*. Conocer la realidad es el mejor paliativo para soportar la propia angustia, sin cargar con la que nos endilgan los gobiernos. El pueblo debe cumplir con las tablas de la ley. De las trasgresiones se encargan obispos, rabinos, patriarcas, políticos y poderosos.

10). El ardid de perdonar pecados y barajar de nuevo es digno de admiración. Cargaron a los hombres con faltas jamás cometidas y, como si eso no bastara, introdujeron el mito del mesías que sacrifica su vida para salvarlos de las mismas. Las masas cristianas, convencidas de su doble culpabilidad, se resignaron a desperdiciar esta vida y esperar en otra la bienaventuranza. La esclavitud de la mente es más poderosa que la del cuerpo.

11). Las religiones, igual que los bancos, son implacables con sus fieles y obsecuentes con los poderosos. *Muchos son los llamados, más pocos los elegidos.* O tienes dinero en esta vida o el alma pura en la otra. Mejor un poco de cada en la única de la que estamos ciertos.

12). Los mesías mueren por nada. En Hiroshima y Nagasaki nadie pintó un cuadro ni pensó que los coches japoneses serían un buen producto en el mercado norteamericano. Si sustituimos al *Homo Sapiens,* ya pasado de moda, por el actual *Homo Desperatis,* nos hallaremos más cerca de la realidad y, aún difuminada, podremos verla.

13). La puesta en escena otorga poder y riquezas pero no quita la desesperación. Directores y actores jamás salen del teatro. No obstante, le seguimos llamando *la vida*.

14). El hombre estudia y copia las conductas de los animales, pero no he visto uno solo que copie una conducta humana. Son irracionales pero no estúpidos. Los observamos, hostigamos y matamos. Ora son enemigos, ora encarnaciones divinas, ora bienes de cambio…Usamos *civilizados* códigos éticos para calificarlos de venenosos o asesinos como si a ellos les importara y nosotros no lo fuéramos. Les adjudicamos dotes de superhéroes y, vistiendo sus pieles, creemos ser fuertes y astutos como leones, tigres, zorros… Las feroces rapaces imperiales aún engalanan los ejércitos. El pez fuera del agua es más emblemático que la cruz cristiana. Míticas criaturas nacen de fogosas uniones sexuales con animales. Como muestra de supremacía los exhibimos enjaulados o los ridiculizamos y matamos en las plazas de toros. Si un ignorante hechicero dice que partes de ciertos animales son medicinales, nos arrogamos el derecho de matarlos y comerciar con ellas. Separamos a los hijos de otras madres para utilizarlos como mascotas de los nuestros… y luego abandonarlos a su suerte. Podemos comernos a todos pero guay del que mastique carne humana. Si una cría de delfín se acerca a una playa, los turistas la manosearán hasta matarla. Nunca los hemos dejado tranquilos.ni antes ni ahora. Hasta creamos a Tarzán, el gran incordiador. Ningún personaje literario lo iguala en ridiculez. Además de imitar sus conductas, copiamos los recursos químicos de supervivencia que les provee la oficina de evolución de las especies de la naturaleza.

15), Sabemos construir pirámides, aviones, misiles, refrigeradores, bancos y compañías de seguros. Tras semejante progreso no logramos la felicidad de un ruiseñor al salir del huevo y cantarle al sol... Claro, él vive en la realidad y nosotros en un escenario.

16). Podemos construir una civilización donde lo importante sea simplemente vivir. El sistema capitalista de la naturaleza otorga riquezas a una minoría, pero no la libra de la desesperación de la especie. Nadie defeca billetes ni se infecta con oro ni da a luz diamantes. Los virus y bacterias son de todos, pero los ricos compran vacunas y los pobres se enferman. .

17). La igualdad de oportunidades es otro mito. El acceso al éxito es posible solo en niveles moderados. Para hacer fortuna hay que introducirse en un entramado político.

18). En las escuelas enseñan matemáticas, física y química; quién descubrió América, quién pisó la Luna y otras cosas interesantes. Nada acerca de concebir y educar hijos y todo lo que ello representa. Las religiones y el *poder organizado* han impuesto la educación hereditaria. Sin haber entendido nada, los agobiados padres trasmiten lo mismo a sus ingenuos hijos.

3 - La angustia y las conductas

1). Podemos conducir un coche, un avión, un transatlántico o una nave espacial y lo hacemos con raciocinio, pericia y profesionalidad. En cambio, para conducirnos a nosotros mismos y, sin utilizar la inteligencia, seguimos conductas predeterminadas. Aunque parezca más complicada, nuestra estructura social es la misma que la de una manada de lobos o primates. La sustitución de miembros dominantes no altera el poder establecido. Las revoluciones en la naturaleza no las hacen las especies sino ella misma. Tiene sobrados recursos para modificar o extinguir soles y planetas. Nada de elecciones o democracia, inventos humanos.

2). Un *homo sapiens* no es una criatura aterrorizada por la muerte, pero sí por su inevitabilidad. La inteligencia tampoco es un don del cielo sino el resultado de la desesperación de evitar lo inevitable. ¿Qué puedo hacer para saltearme este bochorno? La soberbia no bastó para vencer el miedo y no se atrevió a ir más allá de las supersticiones. Optó por agregar al sol, la luna y las estrellas, figuras fantásticas, dioses variopintos que siendo inmortales, hicieran aún más confuso todo lo evidente.

3). Tras la famosa explosión —un parto a fin de cuentas— y recubierta por completo del miedo a la existencia —una especie de placenta— la energía desplegada se esfuerza en existir pero ansía el retorno. Acostumbrada a la molicie de la nada, le aterra el tiempo de las cosas.

4). Las transformaciones que sufre —ser, dejar de ser, volver a ser y empezar otra vez— son incesantes. El tiempo baja la bandera. Comienza la partida y lo que era, pero que no existía, se transforma en un bullicioso frenesí de partículas. Algunas formaron células, una fuente cuya perecedera energía debe reponerse con cierta frecuencia. Como cualquier pila se conectan y suman entre sí y se van diferenciando en organismos y sistemas. Pese a tanto entusiasmo se añora la eternidad perdida. La angustia no desaparece, pasa de un universo a otro. Era un engaño eso del tiempo. En el punto de inflexión de un ciclo, todo termina y pega la vuelta. Otro engaño. La nada, la existencia y lo doloroso. Tres en uno como algunos dioses.

5). Hay que prestar atención a las conductas de la energía, como si desde lo insignificante pudiéramos percibir lo ilimitado. Las células son obstinadas. Arrancan en diminuto, ignoran lo que son, pero repostan energía y continúan impertérritas hasta la muerte. Las conductas elementales, un folleto grabado en los códigos genéticos, son las instrucciones de supervivencia. Nacen pequeñas, porque hacerlo de adultas sería tan terrible que no podrían asumir la existencia. Otras partículas, en medio del baile de los gases incandescentes, formaron parejas y constituyeron átomos y moléculas de materia inerte. Parece que no hacen nada, pero todas, vivas o inertes; trascurren, se degradan, envejecen y mueren… a distintas velocidades. Una trama de conductas ensambladas constituye una criatura consciente de sí misma. Está viva. Aún no sabe qué es, pero sí qué hacer. La conducta de una roca, en cambio, se asienta en la normativa de la física que determina su estructura. Distintas caras de la misma energía.

6). La vida es algo más que un conjunto de células. Tanto nos hemos acostumbrado a ella, que no vamos más allá de considerarla un evento extraordinario. Sin embargo, no surgió de casualidad en el universo, sino que fue la razón de su existencia. Además de la portentosa cantidad de energía desplegada, la vida aprovechó remanentes de otras existencias. Siempre algo queda. En la célebre danza de los gases ardientes, algunos bailarines anhelaban ser algo más que una piedra. Sabemos de la vida que nos rodea y toca de cerca, pero puede haber quienes no dependan del carbono ni del agua o el oxígeno. Somos parte de un universo vivo y no por saber de él nos hace especiales.

7). Hay correspondencia entre la vida química tradicional y la digital, aún en ciernes. Una célula es una unidad mínima de información biológica, tal como un bit lo es de información digital. La primera, más compleja, combina partículas de elementos ordenados en una tabla periódica y la otra, más simple pero no menos portentosa, solo mezcla —según un orden predeterminado— unos y ceros, paredes y ventanas, tapias y aberturas. Ambas incluyen un sistema operativo en el que las conductas primarias, la incertidumbre, la muerte y el recuerdo del no tiempo, ya vienen configuradas. En la naturaleza nada existe sin una conducta que lo certifique. La explosión inicial lo fue y desde entonces, nadie se queda quieto. Unos viven, algunos arden, otros giran y dan vueltas y en ciertos puntos negros, se recogen los desechos para el siguiente universo. Nada se crea ni se pierde, todo se aprovecha. Con o sin tiempo, el miedo se mantiene invariable entre universos.

8). Hay violencia en las conductas predeterminadas. Los espermatozoides arremeten sin pedir permiso. El óvulo aguarda al más aguerrido. La transitoria paz que sigue depende del latir de un solo corazón mientras crece el propio. Entonces, otra explosión, el nacimiento. Hay que *romper un mundo* para acceder a otro. Destrozar un huevo o forzar una vagina. No hay retorno. Nadie nace satisfecho. Para respirar hay que sentir el miedo. La materia inerte necesita un adicional de temperatura para pasar del estado sólido a líquido, gaseoso o plasma. Lo mismo sucede con la materia viva. Nacer y morir son desgarradores cambios de estado. Una ayuda vendría bien. Es probable que el tema esté previsto y alguna hormona asistirá justo a tiempo a la bulliciosa partera o a la circunspecta parca.

9). La naturaleza está organizada por series constantes de conflictos, que se resuelven con nuevos conflictos. En las mitologías la creación del mundo fue tan violenta como el Big Bang. Los dioses y titanes se arrojaban estrellas y planetas como platos de cocina. Sus conductas no difieren de las naturales, no tenemos dioses exclusivos. Todos, vivos o inertes, conviven o existen en conflicto. Tras el terror del parto sobreviene el silencio, los contendientes jadean y se observan. Uno berrea y el otro lo abriga y alimenta. En el nuevo ciclo de contiendas no se va más allá de la vida y la muerte, comer o ser comido. El conflicto es el estilo de la naturaleza. Unas madres mueren al dar a luz y otras amamantan lo que han gestado. Vivir y morir es lo mismo, solo cambia el sentido del tráfico. Del ser a la nada y viceversa.

10). La incertidumbre se cuela en la misteriosa fuente de energía que lo desbarajusta todo. Le dicen entropía pero es angustia. Ser o no ser no quita lo doloroso, pero da a luz universos inciertos. En medio de la desolación se abre una ventana. Los rayos del sol indican el camino del retorno a la nada: solo hay que existir.

11). Oscuras leyendas narran la extraña suerte de algunos embriones, no deseados pero predestinados a hechos trascendentales. Nadie se atreve a matarlos y son abandonados por padres o lacayos en cestas, ríos o bosques. Un destino tan disciplinado como inexorable.se ocupa del rescate. El mito del desamparo infantil, una forma de terrorismo, sirve para adoctrinar niños o niñas en las clases de catequesis…

12). El tiempo y la existencia se consumen entre sí. Hay que apurarse. La angustia de imaginar una nada sin tiempo ni conductas es insoportable. Cualquiera hubiera explotado. Si algo estalló, lo hizo en el instante justo de un tiempo inexistente.

13). Si creáramos una naturaleza exclusivamente humana, podríamos diseñar conductas no salvajes y en verdad, civilizadas… que también podrían ser predeterminadas. El cuerpo muere y se recicla, pero el ser, al revés de los que dicen los religiosos, desaparece como si jamás hubiera existido. Dios es ciego, sordo y mudo. Solo el hombre se ocupa del hombre.

14). La materia viva crece hasta un punto de saturación. Es siempre el mismo. *La energía no se crea ni destruye, solo se transforma.* En las células este proceso es muy hediondo pero los resultados quedan en la Tierra. Antes había enormes plantas y dinosaurios; más materia viva de lo que el planeta podía sostener. Ahora, en la misma situación, hay infinidad de pequeños humanos. Pestes, meteoritos, tsunamis y otras catástrofes aguardan órdenes.

15). En la penumbra del útero se va organizando la vida. La construcción avanza; ya se puede ver de qué se trata, un ratón, un león o un humano. Las células recelan, hay que conservar las distancias. La incertidumbre es el núcleo de cualquier forma de energía. ¿Cómo sabe la última célula que es la última, que nada más falta y qué un ser vivo está completo? Ejecutan planos muy antiguos, trazados línea a línea, punto a punto durante millones de años. Hay cuerpos celestes y seres vivos. Todos existen en medio de probabilidades antagónicas y en la más absoluta soledad. Lo que hace en exclusiva el hombre racional es atreverse a indagar, a vislumbrar la eternidad y presumir de abarcar lo inabarcable. Los demás bichos mueren sin excusas, no sienten la inquietud de lo eterno. Y los dioses dependen del hombre.

16). Sin ser la suma de sus partes, estamos relacionados con los cadáveres que nos precedieron. Frankenstein, un retal de muertos bordados, estaba sujeto a la religiosidad de las conductas humanas. No pudo existir en paz. Nadie escribe un libro en el que todo va de maravillas. Imaginemos un grupo de criaturas sin especie. No tienen *sistema operativo*. Ignoran qué cosa son ni qué hacer y carecen de incertidumbre. La desorientación sería de tal magnitud que dejarían la vida sin necesidad de morirse. Un humano o una hormiga son parte de una especie y ejecutan conductas que los unen e identifican, una religión. Para escaquearse de la muerte, el astuto humano creó figuras míticas que se yerguen triunfadoras sobre ella. Son ajenas al ciclo de la existencia y acercárseles no era tarea sencilla, había que cumplir misteriosas liturgias reservadas a los iniciados. La gente no dejaba de morirse por eso, pero lo hacían como si se fueran de viaje. La fe obra milagros. Además, la condición humana, ansiosa de trivialidades, requiere también de figuras espectáculo adosadas a las divinas. Dioses, demonios y héroes provienen del cercano mundo de los seres fantásticos. Hércules, Lucifer, Teseo, Gabriel, Superman, Mickey… Antes y ahora, sean animales o humanos, hacen cosas portentosas. Los hombres, culpables de nada y más desvalorizados que nunca, hincaron sus rodillas y las religiones, sentadas a la mesa del poder, se enaltecieron sobre ellos.

17). No hay otra fuente de información que la naturaleza y nada hace por las buenas. Hay que sonsacarle todo. Las partículas que se enfrían recelan de las poderosas fuerzas que las unen y crean imprescindibles espacios entre una y otra. La existencia comienza a ser palpable. Las explicaciones a las leyes de la física son para unos científica y para otros, existencial. El ciclo de la materia orgánica lo presenciamos a diario, pero el de la materia inerte solo podemos conjeturarlo con la visión del pasado remoto. Si el universo es energía que se expande llegará a un punto de inflexión en que necesitará transformarse. Algo tendrá que suceder para que el ciclo se reinicie. Tras la bambolla que montaron en el anterior, las partículas se reciclarán en otro universo y, quizás de otra manera, volverán a hacer lo mismo. La eternidad es dura de concebir. Ya veremos qué ocurre.

18). Una célula de la Tierra no es extraña a una de la galaxia más lejana. Un gran espacio las separa pero la angustia de existir —una Internet cósmica— une a los bichos, las plantas y las piedras. Buscamos civilizaciones… que tal vez nos estarán buscando. No habitamos la Tierra sino el universo. Nada de lo que en él ocurra nos es ajeno pero nosotros —

la medida de todas las cosas— de momento, les somos ajenos al resto. Al menos, así nos parece.

19). Es probable que criaturas racionales de otros mundos no se asusten al vernos. En un imaginario viaje interestelar, podríamos encontrar ruinas de otras culturas o tal vez, luego de varias generaciones viajando por el espacio, nos topemos con las nuestras. Ningún dios nos apadrina ni nos aguarda un destino manifiesto de grandeza. Sepamos ser tan grandes como ridículos. Vivimos en una nave espacial que solo sabe dar vueltas sobre sí misma y alrededor del sol… pero somos inteligentes. Podríamos fabricar potentísimos cohetes que luego de miles de años luz, nos llevarían a todos a conocer gente nueva. Estando de viaje permanente aprenderíamos muchas cosas y nuestra vida tendría más sentido que dar vueltas y vueltas. Claro que alejarnos del sol tendría sus inconvenientes pero repito, somos inteligentes.

20). Es probable que el universo realmente exista y sea tan inmenso que nunca sabremos la cifra final. La física, la química y la biología podrían ser diferentes en otros mundos. ¿Y las matemáticas? ¿Serían las mismas en todos? El raciocinio, incorporado en exclusividad a una criatura viva, conforma una ecuación que tiene un final pero no una solución.

21). ¿Carecería de sentido el tiempo si algún dios fuera eterno? ¿Sería preferible soportar la incertidumbre de existir que la certeza de no tener sentido? ¿Qué sería de nosotros si desaparecieran los miles de años que tardamos en montar este *puzzle* que llamamos historia? Los animales no honran a sus próceres y no parece que les importe el tema. ¿Cómo podría ser la no existencia? El solo pensamiento de estar vivos y no existir ya nos causa dolor de estómago. Si la incertidumbre es desesperante, mucho más lo será la certeza. Con nuestro efímero equipaje a cuestas, vamos y volvemos por los mismos lugares como un cepillo de dientes.

22). Un recién nacido ignora qué cosa es pero sabe que es algo. La cercanía de la madre le otorga un principio de identidad, pero debe llorar por la teta. Sabe de ella pero nada de Dios. Hay que enseñárselo como el fuego, la rueda y el abecedario. El todopoderoso que diseñaron los humanos, es en realidad impotente, analfabeto y ni siquiera sabe qué eso de la divinidad. Debe dejar un desagradable sabor amargo rendir culto a un dios de nada.

23). La obstinación de seguir vivo desarrolló la inteligencia humana por encina de la de otros bichos. La muerte no podría con él. Ya era soberbio de primate. La naturaleza quedó desconcertada cuando observó que la susodicha criatura, a pesar de convertirse en polvo como todas, sufría tanto con la muerte que construía grandes obras de ingeniera para perpetuarse en la existencia. La inteligencia es para la naturaleza tan inofensiva como un avión en tierra.

24). Al terrorismo nadie lo vota pero al servicio del dinero y la religión; los otros dos invitados, se sienta en la mesa del poder y participa de las negociaciones. Los muertos son necesarios. Sin ellos no hay enemigo y sin enemigo no hay *poder organizado*.

25). La zanahoria de una vida de bienaventuranza *post mortem*, profundamente arraigada, es parte de la *configuración predeterminada*. Hay que resignarse en una para reivindicarse en la otra. Los vivos respiran, miran a los que hieden y el poder cosecha los frutos del terror.

4 - Los ciclos

1). ¿En qué ciclo estamos? ¿En el de la nada o en el de la existencia? Debe ser en este último porque la gente se muere todos los días. De la eternidad, en cambio, una palabra que usamos para sentirnos insignificantes, no sabemos nada. De momento, no pasa de ser un anhelo o quizás, después de todo, solo sea una palabra. Nos ha faltado tiempo para estudiarla.

.2). La angustia de no existir bien pudo ser el gatillo de una explosión descomunal. Algo insoportable, la nada, fue sustituido por algo también insoportable, la existencia. La materia es energía y no permanece quieta ni un instante. Si no se transforma constantemente regresa a la nada. La rapidez con que lo hace distingue a unos de otros. Los vivos tienen mucha prisa. La física no se ocupa de la angustia porque carece de masa. Puede sentirla pero no medirla. Aunque suene extravagante, podemos hablar de materia emocional; la angustia de las piedras.

3). Lo nuestro es eso, existir. Dadas las circunstancias, es lo pertinente. Precisamos tejer una historia, *escribir un libro, plantar un árbol, tener un hijo* o de alguna forma, sentirnos importantes. Recordar y ser recordado es una buena manera de certificar haber existido.

4). Los cuerpos nacen y se expanden; mueren y se contraen. Son parte de un ciclo en que todo se recicla y vuelve a empezar. Los que sí desaparecen son los individuos. Solo un hombre, un dinosaurio o una hormiga por vez. Todo sentido que queramos encontrarle a la existencia nunca será individual… pero sí el único que valdría la pena.

5). Nuestro gallardo cuerpo se convierte en sustancias que forman un nuevo cuerpo, condimentado con sustancias de otros cuerpos. Una escandalosa promiscuidad de cadáveres es parte del ciclo de la energía. En un partido de futbol no patean la pelota todos a la vez sino que la pobre va de uno a otro contendiente. En una orquesta sinfónica tampoco suenan todos los instrumentos al unísono. Entre cada salida y puesta del sol suceden un montón de cosas. Si no muriésemos el ciclo se detendría y la Tierra no sería ni azul ni tierra. Una porquería.

6). El reciclaje de los cuerpos alimenta ilusiones sobre milagrosas vidas que nos aguardan en las sombras. Efectivamente, hay más vidas, pero solo para las especies, los individuos se esfuman sin remedio. El siguiente cuerpo tendrá los mismos elementos que su antecesor, pero lo que hace único a un ser vivo no se recicla. Las religiones lo cuentan al revés y repiten hasta el cansancio la historia del alma y de sus inmortales frustraciones. Zanahorias al servicio del poder. Es habitual para quienes pintan un moribundo, incorporar un clérigo con aires de perdonavidas junto a su lecho. La siniestra guadaña que enseña a los deudos, rezagos de personas que aún creen, se esconde bajo el inútil palabrerío de un libro de plegarias.

7). Existir puede ser algo distinto a lo que estamos acostumbrados. El tiempo solo indica que envejecemos, el hambre que vivimos y la angustia que hemos nacido. Las partículas físicas surgen en fila cuántica y cada vez son más pequeñas. No sabemos en definitiva, qué cosa cierta es el tiempo, una estrella, una célula, el número uno o el infinito.

8). Nuestro cuerpo y cualquier otro se sostienen de los ciclos de la sangre, del oxígeno y del alimento. Sucesivamente, todo se envenena y purifica. Lo orgánico y lo inorgánico. Llega uno y sale otro. Una serie de ciclos, grandes y pequeños, dentro del que parece interminable, conforman la única realidad tangible. En realidad, nosotros y el universo somos una de las posibles existencias. El nexo entre las infinitas probabilidades que comparten un devenir.

9). Un placer intenso se vuelve dolor y viceversa. Si un ciclo se interrumpe nos veríamos en un lío. No habría límites. ¿Cuál sería el del dolor? ¿Se puede gozar indefinidamente? ¿Comer sin detenerse? ¿Dejar de morir o dejar de vivir? No existe un principio ni un final sino un ciclo de transformaciones. Quien consiguiera eludir la muerte tendría que volver a nacer sin recurrir a los imprescindibles gametos, algo muy difícil. Lázaro, un infeliz resucitado con oscuros designios publicitarios, deambula desde entonces por el mundo a la espera de una muerte tan ficticia como su resurrección. Solo una vida por vez.

10). *Allí donde fueres, haz lo que vieres*, aconsejan los alienígenas al regreso de sus viajes por el cosmos. Mejor seguir la costumbre.

11). El ciclo más grande —el grandote— también va y viene. Las explosiones se sucedan cada miles de millones de años. El universo se expande, se contrae y vuelve a las andadas. No hay certeza de que sea el mismo. Los gases pueden configurarse de otras maneras y podríamos no estar presentes. En ir y venir del ser a la nada pasan los milenios, las galaxias, los soles y estrellas, dinosaurios y hombres... Todo sucede y vuelve a suceder, pero nada se repite. Los ciclos continúan, uno dentro del otro, como matrioskas rusas.

12). La rapidez con que nos morimos acrecienta la desesperación. Si nuestras células no se apresuraran tanto, todo nuestro sistema social, político y económico podría ser en verdad, equitativo. Los antiguos pensadores griegos ya observaron el detalle. Si la vida se prolongara un par de decenios más, los depredadores políticos tendrían que recurrir a la realidad.

13). La materia inerte envejece y recorre enormes distancias antes de su reciclaje. Su desesperación es ínfima. En cambio, por trayectos insignificantes y a gran velocidad se mueve la materia viva. Arriba pronto al punto de reciclaje. Su angustia es tremenda.

14). En lo que al hombre se refiere su opción es la felicidad. No sabemos en qué consiste pero la palabra sugiere un día radiante, el canto de los ruiseñores del bosque y el rugir de los leones en la sabana. Deleitarnos y asustarnos a la vez. Hemos hecho del dinero y el poder el objeto primordial de nuestra existencia. Nos sentimos superiores al resto de seres vivos pero no defecamos oro. Solo estaríamos ciertos de nuestros solitarios e íntimos recuerdos.

15). No nos faltan ansiolíticos ni dinero para comprarlos. Rodeados de gurúes y profetas variopintos, convertimos el engaño de todos los días en una verdad transitoria. Lo que fuere que hagamos, siempre nos parecerá provisorio. Ni bien salimos a la calle —el escenario— nos vemos rodeados de instrucciones. Qué hacer, qué comprar y a quién votar. La mayoría come, enferma y muere acorde a las probabilidades estadísticas. Se quejan pero no dejan la representación; eligen la *configuración predeterminada*. Unos pocos se representan a sí mismos. Los que predican salen por el foro... a veces caminando. Un día cualquiera, un supuesto líder, probablemente entrenado en las aulas de poder, se convierte en el enemigo. Entonces, cambia el guion pero no la obra ni el escenario.

16). La felicidad del capitalismo es un producto más de los tantos que se pueden comprar y vender. Un yate, una vagina, un avión, una lavadora, un teléfono móvil, una entrada para un partido de futbol o una playa atestada de gente... El trato que recibas en hoteles, oficinas o aeropuertos, dependerá del color de tu tarjeta bancaria. El dinero que no hace la felicidad paga guardaespaldas, alarmas, costosas medicinas, villas veraniegas, jets privados, clínicas de desintoxicación, vientres de alquiler... o exclusivos tratamientos para ignorantes virus o bacterias que no saben quién es quién. El quehacer humano sobre la Tierra crea actividad económica, pero el trabajo está más repartido que sus beneficios. La búsqueda de la ilusoria felicidad es una jugarreta que no se sabe a quién beneficia. Los escondidos jerarcas del *poder organizado* son de carne humana y están sujetos a los vaivenes del destino, a las intrigas de sus semejantes, a la vejez y al deterioro. Alimento de fauna cadavérica.

17). En el *establishment* del cosmos, nadie se lava las manos por la Tierra. Sin embargo, ella espera que el cúmulo de criaturas que la habitan le garantice su supervivencia. Solo la especie racional, la que anda por ahí diciendo *pienso luego existo,* no participa de sus anhelos.

18). Las avanzadas sociedades que las películas y novelas de ciencia ficción nos muestran en lejanas galaxias, parecen no pertenecer la naturaleza del lugar que habitan. Son civilizaciones ilustradas, no surgidas de la evolución natural, sino diseñadas por la inteligencia. Lo que ahora suena a fantasía no tardará en ser realidad. La evolución natural funciona a la perfección en un entorno donde no se interrumpe la cadena de conflictos. La incorporación de una criatura inteligente altera el sistema. Los conflictos no se extinguen ni se resuelven y se devoran a sí mismos. Salir de la naturaleza, crear un código de conductas sin dioses ni demonios, es la mejor opción para incorporarnos al resto del universo.

19). Claro que, indefensos en un posible medio hostil, podíamos ser exterminados. La civilización más avanzada deberá incluir la supremacía total o la convivencia total. Si salimos de la Tierra no podríamos cargar con su naturaleza. Nada de medias tintas.

20). Declarar inevitable el desgaste de los necios suena a elitismo pero nadie y mucho menos el poder, se ocupa de enseñar la realidad a quienes viven en ella. Cuánto más brutos, más maleables. Salomón decía... *"los necios me rodean como avispas"* (Salmo 118, 12).

5 - El bien y el mal

1). Nuestra civilización considera el bien y el mal como valores que no existen en la naturaleza. En ella solo vale el saber hacer, el *know how*. Vendría a ser lo mismo. Lo que favorece la vida es el bien y lo que la incordia es el mal o al revés. No a todos los hombres les preocupa este asunto. Los políticos, por ejemplo, opinan que el mal debe hacerse bien. La erupción de un volcán sepulta a miles de personas y luego sale el sol radiante. Un país aturde a otro con una lluvia de misiles; los muertos quedan en las calles y el sol sigue tan campante.

2). Si la bomba la lanza el país del norte es el bien y si la recibe es el mal. Vista de esa manera, arrojar artefactos nucleares sobre ciudades repletas de niños y civiles, resulta ser una acción encomiable. Jehová, un dios encolerizado, ansioso de hacer bien el mal, lanzaba rayos de azufre y fuego sobre ciudades donde también había niños y civiles. Fue el primer terrorista de la historia. No es para sentirse orgulloso de semejante dios.

3). En el escenario del *poder organizado,* nuestra vida trascurre en libertad condicional. Todo parece de maravillas pero, *escondido en el sótano, está nuestro retrato real, el que se deteriora día a día…* Cualquiera sea la forma que se adopte, hombre, insecto, estrella o planeta, siempre se está en libertad condicional. Una invisible espada pende sobre el universo.

4). Las normas civiles y morales las dictan unos para que las cumplan otros. Políticos, religiosos y delincuentes circulan por los mismos caminos. Las rejas no distinguen a los buenos de los malos, solo muestran a los que están encerrados. En una comisaria, parlamento o iglesia, conviven honestos y corruptos, justos y pecadores, policías y delincuentes. El bien y el mal, ya de por sí difíciles de diferenciar, pasan desapercibidos en esos lugares.

5). De la moral, dice Freud... *Podemos decir a la sociedad que lo que ella llama su moral cuesta más sacrificios de lo que vale, y que sus procedimientos carecen tanto de sinceridad como de prudencia... Aquél que después de haber luchado contra sí mismo consigue elevarse hasta la verdad, se encuentra al abrigo de toda inmoralidad y puede permitirse tener para su uso particular una escala de valores morales muy diferente de la admitida por la sociedad.*

6). La inteligencia que no pregunta, adopta las conductas predeterminadas que incluyen la promesa de la *post eternidad*. Una expresión que no significa nada pero sirve para todo.

7). *¿Cuál es más de culpar, la que peca por la paga o el que paga por pecar?* Las normas morales son más crueles que las legales. Condenan lo sexual, lo placentero y lo femenino. Los pecadores son más fáciles de manipular que los delincuentes y no se fugan ni hay que perseguirlos. La satisfacción civilizada de los instintos nos acerca a la felicidad. Prescindir de una moral, diseñada para beneficio de una minoría, nos vuelve más civilizados.

8). ¿Por qué nuestras leyes se abaten sobre la bestialidad? Somos honestos y de nobles sentimientos pero el *poder organizado* nos prefiere bestias. Mientras lo seamos controlará la manada. No legislamos para ser mejores sino para castigar a los peores. Prohibimos lo que la naturaleza permite. Ella se ríe de nosotros. Llenamos las cárceles de delincuentes mientras los delitos se pasean por las calles. Nuestras repetidas revoluciones nunca pasaron de la periferia de la manada. Si nos separamos de la naturaleza, esta dejará de irritarse con nuestra presencia y sabrá agradecer los cuidados que además, le prodigaremos. Somos inquilinos. Paguemos el alquiler y no rompamos nada.

9). *Amaos los unos a los otros.* Una hipócrita muletilla que tampoco significa nada. Los que se amaban desde el comienzo, lo siguen haciendo y los otros, continúan en guerra.

10). Cuenta la leyenda que hace unos siglos, un barbado individuo descendió de un monte portando unas tablas de piedra toscamente labradas. Describían las conductas que sujetas a varios juicios póstumos, debían ser cumplidas a rajatabla. El cristianismo, inspirado en el pesaje del corazón de los egipcios, aportó la idea con que fue admitido en la mesa del poder: todos nacen culpables hasta que demuestren lo contrario. No basta que los gobernantes se crean superiores; lo importante es que los gobernados se sientan inferiores. La culpabilización de las masas es prioridad del *poder organizado*. La actual presunción de inocencia es un elegante y delicado detalle para disfrazar la realidad.

11). Tengamos leyes no represivas basadas en el altruismo. Es más abundante que lo bestial y no es necesario infringirlas, son placenteras. Imaginemos un país cuyas cárceles están en exceso repletas de delincuentes. El gobierno entonces, desaloja una ciudad de sus honestos habitantes, la amuralla y la convierte en la capital de los presos. Los propios convictos eligen sus autoridades. ¿Qué leyes dictarían? ¿No robar? ¿No matar? ¿Qué pena recibiría el que delinque en la ciudad de los delincuentes?

12). Lo que llamamos civilización es por el momento la industria de la desesperación. No solo adoptamos las conductas predeterminadas, sino también las infracciones y la ansiedad de cometerlas. Tomamos diferentes pastillas para soportar un ritmo de vida cada vez más apremiante y menos eficiente. Al *poder organizado* no le interesa la ley que se cumple sino la que se transgrede. Las condenas solo envejecen a los presos, no resuelven nada.

13). En algunos países nos asombra lo bien que marcha todo y creemos que son gente civilizada. En realidad, lo que funciona a la perfección es el sistema represivo. Hay más cámaras que habitantes. Para educar a una mascota es tan útil el premio como el castigo. A un racional, en cambio, solo se lo reprime. Hemos desarrollado una justicia cuya puesta en marcha depende de la probabilidad de atrapar al infractor. Quien la cumple escrupulosamente pasa desapercibido. Imaginemos una legislación basada en el altruismo donde el buen ciudadano recibe puntos para descontar de sus obligaciones tributarias.

14). En el sistema capitalista la culpabilidad representa dinero. ¿Qué otra cosa iba a ser?

15). El sumiso hace poderoso al déspota. No es cierto que el pueblo sea inculto, ignorante y bestial; se lo educa así. La ignorancia es la clave del *poder organizado* y de la naturaleza.

16). Nuestro destino aciago parece ineludible. Esperamos las desgracias como a un tren en la estación. Nos cuesta concebir una existencia feliz pero no una desgraciada. Las películas o series de televisión más exitosas son las de amores frustrados, hijos ocultos, robos, engaños, drogadicción, asesinatos, infidelidades y traiciones. Cuanto más sangriento o ingenioso sea un crimen, más taquillera resulta su divulgación. El destino de los poderosos también es aciago pero ellos, a diferencia de la gente común, lo saben.

17). Los medios de comunicación, miembros anónimos del *poder organizado,* nos dicen qué hacer, qué comprar y a quién votar. Manipulan las noticias, las opiniones y las conductas según sus intereses. No se juegan por ninguna verdad sino por la más redituable. Se rasgan las vestiduras por la libertad de expresión pero censuran la ajena. En cualquier medio de prensa, escrita o televisiva, nunca falta un escándalo sexual, un pezón al descubierto o cualquier detalle morboso que promueva la grosería en desmedro de la ilustración. Algunas mujeres se quejan de la discriminación que sufren pero asumen gustosas su rol de símbolos sexuales.

18). Los supermercados nos abastecen de comidas alergénicas… que debemos aliviar con medicamentos suministrados por la industria farmacéutica… para finalmente participar de un cortejo provisto por la industria funeraria. Hemos dejado de ser personas para convertirnos en presas del canibalismo de nuestro sistema económico y social.

19). Los individuos existen y pueden ser felices porque se pertenecen a sí mismos. Las especies son de la naturaleza y, por más racionales que se crean, están sujetas a su arbitrio.

20). Honramos a los soldados caídos en las guerras de quienes hoy comercian sus productos y abren al turismo los campos de exterminio. Para unos son cifras de una estadística, para otros tienen nombre y apellido. La historia, obviada y no debatida en las escuelas, no se revive con suntuosos monumentos a la memoria. No sabemos si lo que sobrevive es el odio o el olvido. De todas formas, las campañas de exterminio que no exterminan, continuarán.

21). La virtud no pertenece a la naturaleza, es adquirida y asociada al sufrimiento. ¡Flagélate y serás virtuoso o virtuosa! En las novelas de un famoso marqués, la chica *buena* sufría por su virtud mientras que la *mala* disfrutaba de su ausencia. La satisfacción del clítoris, un órgano de la naturaleza, era lo importante. Una lo dejaba en libertad y la otra lo reprimía en beneficio del placer ajeno. Sufrir es en realidad una forma de regodeo. Toda conducta virtuosa que nos enseñan de niños no es mejor que la opuesta. La viruela, enfermedad favorita de la literatura moralista, transformaba la belleza de las provocadoras en pústulas putrefactas. Otras en cambio, envejecían bellas y sensuales. La muerte ignora virtudes y pecados.

22). La juventud busca en los adultos referencias para su propia vida. Estos advierten del peligro de fumar pero nadie prohíbe el tabaco. La sutil manera con que alertan sobre el uso de alucinógenos incentiva la curiosidad. Los medios están en el ajo. Ignoran el ingreso de un espontáneo a un campo de fútbol, pero publicitan a cuánta figura del cine o del deporte consume drogas. Uno no hace daño a nadie, el otro provoca imitadores. ¿Cuánto le deben los traficantes a Maradona, un promotor de primer nivel? Para obtener una presa hay que envilecer a alguien. El *poder organizado* se nutre de su propia carroña.

23). Un tipo sano no produce dinero pero un drogadicto, alcohólico o fumador es un buen negocio. Somos una especie *racional* que devora el futuro de sus crías. Un traficante cuida a su hijo y envilece al ajeno.

24). Las castas árabes exhiben la magnificencia de sus estilos de vida y en nada siguen las enseñanzas de su profeta. Las normas religiosas son solo para los pobres. No existe mayor lujo que el que un hombre pueda consumir. En algún momento estará satisfecho de manjares, en algún momento de la ostentosa copulación eyaculará el semen de siempre, en algún momento defecará caviar y trufas blancas. Los médicos no le recetarán riquezas sino medicinas. Toma un whisky por vez, un café por vez y un bocado de caviar beluga por vez. Su catafalco rodará por los lustrosos mármoles de las piscinas que, limpias, fragantes e impolutas, nunca sabrán que su sangre era de oro.

25). Los animales llamados salvajes se quitan las presas al menor descuido. Los llamados racionales, también. Cualquiera sea el nombre que le demos a cada una de las tantas revoluciones que hemos hecho, nunca pasaron de ser un cambio de grupos dominantes del mismo *poder organizado*. Pasado el ciclo de euforia todo vuelve a unos y otros. El único cambio en verdad evolutivo, fue el advenimiento de la clase media. Mejoró algo el reparto.

26). Debemos separarnos de la naturaleza. No ser animales humanos sino simplemente humanos. Diseñar conductas propias de nuestra inteligencia y no del natural salvajismo. No es necesario suprimir el dinero, basta con bajarle los humos. Todos los días salimos de la caverna para cazar mamuts… o dinero. Si en lugar de oro o papel moneda, usásemos gotas de sangre, veríamos porqué los pobres son tan necesarios.

27). Trasgredir o delinquir da cierto placer. Víctima y victimario se unen en un morboso pacto. Matar o ser muerto, torturar o ser torturado, es cosa de dos. No es posible una conducta colectiva de sumisión si no existiera un silencioso, oculto, siniestro e inconsciente acuerdo entre víctimas y verdugos. En el instante del patíbulo ambos están unidos por un destino inevitable, unos consienten en morir y otros aceptan el encargo.

28). El poder carece de sustento propio, lo obtiene del miedo que inspira. Ya se muera en la cruz, en las fauces de los leones, en Sodoma y Gomorra o Hiroshima y Nagasaki, solo se sustituyen los grupos dominantes. Creemos que cambia el mundo pero solo lo hacen las apariencias. Nosotros, en vez de ahuyentar a nuestros predadores, los votamos.

29). La caridad se practica desde hace siglos pero la pobreza sigue tal cual, algo no va bien. La prostitución, pese a dioses y moralistas, continúa incólume en el tiempo, alguna razón habrá. Los pobres mueven la economía del mundo, son imprescindibles. La prostitución es una actividad económica como cualquiera. La misma moral que lucra con los vicios se ocupa de las críticas. Nunca como en la prostitución, se cumple la vieja ley de la oferta y la demanda. La religión es costumbre. Alguien tiene que pecar para que todo siga igual.

30). Los discursos políticos son emocionales pero no racionales. Se trata de conmover al elector, no de convencerlo. La información de los medios no es objetiva y la de los líderes, demagogia pura. La realidad está prohibida. Inducir el voto a uno o a otro candidato es como elegir un refresco o una lavadora. Sean de un país cualquiera o adoren al dios que más les guste, no hay un electorado consciente sino una masa de consumidores que, entre las opciones propuestas, se inclinan por la más vistosa. Cualquier forma de voto —en blanco, por ejemplo— que avergüence al poder no tiene valor legal. Los reglamentos están hechos de tal manera que siempre uno, algunos o muchos del *poder organizado*, salen electos.

31). No obstante, mientras seamos lo que somos, debemos aceptar la democracia como la menos vil forma de gobierno. No ha fracasado, solo se ha envilecido. Unos votan con el corazón, otros con el estómago y otros con los genitales. Utilizar el cerebro no es procedente. En lugar de un programa de gobierno, se vota un rostro, una promesa o una ilusión.

32). ¿Y si volviéramos a la vieja democracia de Pericles sin representantes mercenarios? El pueblo —Internet mediante— puede reunirse en asamblea permanente. Si cada individuo gobierna su vida, muchos pueden gobernar su país y todos, el mundo. El estilo de gobierno representativo nos aleja de la realidad. Los intermediarios lucran y se van. El pueblo queda.

33). Los países, vistos como entidades soberanas, ya no existen. Solo hay un cúmulo de intereses internacionales donde solamente el idioma indica una frontera. La Unión Europea es hasta el momento, el punto más alto logrado por la civilización humana en toda su historia.

34). Los políticos no engañan a un niño pero sí a un conglomerado de adultos. Promesas rimbombantes, palabras altisonantes y poca realidad. Lo prometido muy rara vez se cumple pero sí las prebendas con las que hay que pagar el apoyo electoral recibido. Las preguntas del pueblo siguen siendo las mismas. Claro, nunca hubo respuestas. No es tan sencillo el gobierno del pueblo. Algunas democracias piden a gritos una dictadura. La libertad es difícil de sobrellevar. Los cambios reales no están en las calles ni en los parlamentos, sino en las escuelas.

35). Hay tres clases de hombres. Los que no disciernen y prefieren ser dominados. Los que disciernen a los que no disciernen y prefieren dominarlos. Los que realmente disciernen no quieren dominar ni ser dominados.

36). En la economía clásica se canjeaban bienes duraderos. Las cosas han variado. La mayoría de los que se producen en la actualidad son destinados a la basura. Los envases del *súper* lo son con solo llegar a casa. Se aplican impuesto sobre artículos cuyo fin es la basura. A medida que más bienes lo son, el vicioso círculo de la economía gira más rápido. En cada vuelta el dinero incrementa su cantidad, pierde su valor y aumenta la basura.

6 - La vida y la muerte

1). Si la parca fuera una atractiva jovencita de tacones y minifalda o un apuesto varón de mirada soñadora, la población humana iría camino al exterminio. Es lo que más les gusta: sucumbir en el mismo lugar donde comenzaron a ser gente.

2). El humano considera que la muerte es una ofensa a su manifiesto destino de grandeza. Pretende seguir viaje pero solo el cuerpo continúa. La energía que contiene se recicla en las estaciones siguientes. El alma, el ser, el individuo, el animal, la persona y todos sus contenidos de amor, vergüenza, envidia, codicia, miedo y alegría, se extinguen para siempre.

3). Los padres aman a sus hijos desde el instante en que son gestados. Los hijos aman a sus padres hasta el instante de su propia muerte. El mismo amor, distintos récords. Cuando mueren los hijos, recién entonces mueren sus padres. Las vivencias de la infancia persisten de por vida. En lugar de *tengamos un hijo* sería mejor decir, *construyamos un hijo*.

4). Cada vida es única y le corresponde una única muerte. Solo un león, un insecto, un ave o un humano por vez. El mito de *otra vida* no menciona *otra muerte*. Resucitar suena a gracia divina pero, aunque no lo hagan de inmediato, todos los muertos vuelven a la vida. Mejor no impacientarse. La inmortalidad sería aún más desesperante que la vida. Según parece, la de Lázaro aún no ha finalizado. Su resurrección no fue un milagro sino un castigo. ¿Habrá logrado el pobre señor morir de una vez por todas o aún anda vagando por el mundo?

5). Muchas ornamentaciones, obras de arte y monumentos varios se inspiran en antiguas mitologías. Ningún dios ha muerto del todo. Venus, Júpiter, Odín, Isis, Cupido y otros aún persisten en las ilusiones de la gente. Los celosos dioses actuales también quieren posar para artistas y arquitectos, pero el *poder organizado* no les permite ir más allá de las plegarias. Claro, son verdaderos. Gracias a generaciones de arqueólogos y turistas, algunos conquistadores, santos y mesías, emperadores y faraones, lograron ser inmortales suvenires.

6). Los tribunales de difuntos, inflexibles e infalibles, abundan en los mitos religiosos. Si en el juicio de Osiris el corazón del occiso pesaba más que la pluma, era devorado en el acto y del infortunado pecador no quedaba ni la memoria. El cristianismo, más evolucionado, ofrece tres opciones: la celestial, la infernal o la de purificarse en una especie de sauna. ¿Quién puede vivir tranquilo con semejantes dioses sobre su cabeza? La vergüenza de la propia estupidez será el postrer sentimiento de quienes creyeron en una vida de fuego o de bienaventuranza. Con reciclar a los muertos es más que suficiente. Todos se pudren.

7). Visto con ojos comerciales, la artimaña de culpa, confesión, castigo y perdón, ha sido una idea exitosa. Muy por delante de las hamburguesas y las azucaradas bebidas gaseosas.

8). Lo terrible no es la muerte sino la flojedad del pene, incapaz de penetrar óvulos o la menopausia, incapaz de producirlos… y la triste resignación que acompaña todo.

9). La expectativa de vida humana es cada vez mayor. El miedo a sobrevivir ya no asusta a nadie. La naturaleza aguarda esperanzada que nos mandemos a mudar.

10). Envejecer es siempre una experiencia nueva. Muchas conductas seniles se inspiran en las estadísticas. Forman grupos para compartir el hastío, añorar el pasado y criticar el presente. La decrepitud es contagiosa. Si convives con decrépitos lo serás tú también. La vejez destaca también las personalidades. Quién ha sido necio de joven, lo será más aún de viejo.

11). Una vida humana es demasiado valiosa para desperdiciarla en la cárcel o el cadalso. El castigo no resuelve la vida del delincuente ni aclara la de quienes no lo son. Mejor educar y crear oportunidades. Entregar algo tan único, valioso e irrepetible al apetito de una escenografía de políticos, religiosos y financistas, suena a suicidio, o peor aún, a estupidez.

12). En la cita máxima de la naturaleza, los órganos y secreciones genitales, invitados a la ceremonia de la concepción, son en exceso puntuales. La cosa funciona y se enciende la pasión arrolladora. La moral convierte una fiesta lícita en una conducta ilícita.

13). El útero o el huevo son la línea de montaje de los organismos. Hay componentes por todos lados. Infinidad de células hacen cola para incorporarse en el orden correcto. Las hormonas —una suerte de capataces— señalan quién es compatible ahora y quién después. Todo sucede en un desaforado festín de líquidos nutrientes.

14). El niño, un nuevo ser que nace a la vida, se pertenece a sí mismo. Los padres son administradores de sus derechos, no sus dueños. Jesucristo es un buen ejemplo de una vida desperdiciada por un padre castrador e intolerante, teñido de grotesca sacralidad.

15). Había una vez un corral llamado país. Estaba repleto de ovejas blancas. Algunas, inducidas por un pastor inconformista, pretendían ser negras. Los celosos perros lo crucificaron y pintaron de negro al resto de las ovejas. Ahora debían vigilar a las que querían ser blancas. Cualquiera sea el color de las ovejas, los perros son siempre los mismos. Custodian las puertas de los bancos y de las iglesias como si los ladrones y pecadores viniesen de afuera.

16). En la vida individual, en la periferia de la manada y en el tiempo presente, se encuentra la única felicidad posible. Las culpas del pasado y las promesas de futuro pagan intereses. Alguien se queda con tu vida. Un mínimo de trasgresión, un poco de dinero, una pizca de libertad, algo de sexo y amor, lo hacen todo más accesible. Solo hay que evitar la *configuración predeterminada...* y echarles algunos huesos a los perros guardianes.

17). Para el cristianismo, más temible que todos los pecados es el clítoris. Los moralistas sueñan con un furibundo rayo divino que lo anestesie civilizadamente.

18). Los que no inclinan la cabeza frente al poder son considerados sospechosos. Mostrar la realidad supone una acción terrorista para unos o de libertad para otros

19). Se conoce a los vampiros por sus particulares costumbres alimenticias. Rechazan el agua fresca, pura y cristalina. Algunos creyentes comen el cuerpo de su dios y beben su sangré. Una exquisitez. Es bueno eso de comerse a los dioses, alguna vez se terminarán.

20). Los mitos mesiánicos requieren sangre. Jesús podía haber encabezar una revolución y movilizar a las masas con sus discursos que tan bien le iban. No harían falta milagros. Quizás Roma hubiera sucumbido antes y nos habríamos ahorrado la oscuridad de la edad media. Pero sin violencia —lo diría Marx muchos años después— no habría redención. ¿Con qué iban a amedrantar a los niños en las clases de catequesis? Los verdugos que matan también mueren. La sangre acumulada de enemigos, mártires, niños inocentes, santos, brujas y herejes, muertos de manera truculenta, son el baremo de la evolución del cristianismo.

7 - El amor y el sexo

1). El orgasmo, una vivencia de máxima intensidad surge de nuestro cuerpo y apunta a quien amamos y deseamos. Es como un parto. Antes, del lado de adentro, queríamos saber de la Tierra. Ahora que estamos en ella, queremos saber del origen. El cuerpo que genera furiosos calores es el mismo que nos contiene. Como si quisiéramos ratificar que estamos vivos, nos zambullimos en la profunda oquedad de los instintos de la naturaleza. En la comunión sexual estamos fuera de toda normativa moral o legal. Nadie mide los calores del deseo, la intensidad del orgasmo, la fuerza de la mirada o la humedad de las secreciones. Un cuadro, un libro o una sinfonía se miran, se leen o se escuchan. El sexo quema, arde, se consume.

2). Los animales muestran sus atributos de seducción. Con solo olerse los genitales saben un montón de cosas. En el ser humano, como secuela de haberse erguido, los penes y las vaginas quedaron frente a frente y los cálidos senos al alcance de niños y adultos. Mejor verse las caras. No es necesario olisquear nuestros genitales… aunque tampoco estaría de más, huelen bien. Algunos dioses los muestran pero el de los cristianos no. Se ignora el motivo.

3). Las flores son impúdicas a rabiar. Hermosas, desnudas y sin recato alguno, exhiben sus estambres y pistilos a la vista de quienes pasen por allí. Los humanos creen que husmear genitales de personas desconocidas, suena a criaturas salvajes que aúllan por un polvo y van más allá. Sin dejar de aullar, utilizan las infinitas argucias que la inteligencia pone a su disposición y hacen del sexo el arte de esculpir en los cuerpos de quienes se aman y desean.

4). En la aproximación sexual, el olfato estimula una extensa red de neuronas para que la sangre bulla sin trabas por todos los recovecos. Aprueba la fragancia de la piel, el aliento, las axilas, los pies y las partes íntimas. El olor de la pareja amada es único y nos deleita mientras convivimos en armonía. Tras una separación se puede volver insoportable.

5). El amor es como el diamante. En estado bruto se lo puede encontrar en cualquier parte. Comprobar su pureza puede llevar un tiempo. Tallarlo y hacer de él una joya, algo más. Mientras está en la tierra es un trozo de tierra. En las relaciones humanas es un diamante.

6). Los juramentos de amor *se escriben en la espuma del torrente*. Las leyes del querer no están codificadas. No hay jueces ni abogados. La fidelidad no es obligación del otro sino mérito de uno. Devorar y ser devorado es la fórmula del clímax y funciona mejor por encima de la moral. Recostado en el lecho, miras hacia arriba, al cielo. Abres los brazos en cruz para abrazar a la resplandeciente aurora que se cierne sobre ti y expone su magnificencia. Cada aurora, macho o hembra, activa o pasiva, es única. No te pierdas ninguna.

7). La lujuria femenina, inversamente proporcional al esfuerzo del hombre por satisfacerla, ha sido aplastada por la hipócrita moral de los obispos. La mujer puede cobrar por su sexo pero no gozarlo. Las de la Biblia, por ejemplo, quienes no son humildes vírgenes, se vuelven cortadoras de cabezas, insidiosas peluqueras, incestuosas parturientas o bailarinas asesinas. Para calificar —o descalificar— la fogosidad de la mujer nada mejor que inventar una enfermedad del útero. El macho se consuela por un factor patológico y la moral sale indemne. En realidad, la exaltación femenina lo hace todo más sublime. Seamos nosotros los sujetos pasivos y dejemos que las resplandecientes auroras nos estrujen y nos envuelvan en ellas. Las mujeres, ovejas acorraladas por la historia, representan el mismo salto al vacío que navegar hacia el oeste o el controvertido tema de la serpiente, la manzana y la vagina.

8). El sexo masculino de penetración es el clásico de la naturaleza. Ella yace sumisa a la espera de la simiente. Él, aún sin la certeza de un acuerdo, fecunda la tierra. En cambio, el sexo femenino de succión es el clásico del placer. Hay total certeza de acuerdo. El hombre yace sumiso. Ella controla la simiente y extrae la riqueza de la tierra. Solo para una acción tan fascinante como contemplarnos los clímax, pusimos nuestros genitales frente a frente.

9). La moral, una conducta adquirida, enturbia la placentera inmersión en las cobijas. Cuanto más amorales sean los amantes, más excelso será el placer. La misma infidelidad puede ser una parte de la fidelidad. En materia de sexo todo es posible entre adultos que consienten. La única receta válida es el agotamiento. La moral religiosa ha convencido al varón de ser un revisor de conductas vaginales. Sin embargo, la mujer sospechosa, la malvada, la impúdica, la desvergonzada, la infiel… son las más fascinantes.

10). El desgaste de lo masculino es tremendo. Millones de espermatozoides se enfrentan a la holganza del enorme óvulo. Este no tiene certeza de nada pero sus expectativas son inmensas. El triunfo es del equipo pero uno solo hace el gol. Conmovido, el óvulo lo abraza.

11). Lo femenino representa el apetito de la naturaleza. No pretende dominar sino devorar. Dios teme a la mujer como un marido cornudo a la suya. Aunque se canse de recriminarla, castigarla o escarnecerla, nadie le quita los cuernos.

12). El holocausto de lo femenino está disimulado en la historia. Es que las mujeres no se inmutan ante los dioses. Los que conocemos son andróginos y no se acercan a la vagina... Para los apareamientos celestiales se sirven de intermediarios alados. Los especialistas en inseminación artificial deberían estudiar sus métodos.

13). En los tiempos primitivos la hembra humana, peluda y goteando cada veintiocho días, sería un espectáculo terrorífico. El macho reparó en la dependencia del pene y tuvo miedo. Para invertir los papeles —en público al menos— fueron necesarios muchos siglos. El orgasmo femenino es el que enciende la tierra. Los celos de Otelo no eran por la supuesta infidelidad de su mujer sino porque podría haberla disfrutado.

14). El punto álgido de la sexualidad es cuando los cuerpos se vuelven hermafroditas e intercambian el usufructo de sus genitales. Un cariñoso pene se acurruca junto a una jugosa vagina y se enredan en sus propios calores. No es necesario que sean opuestos, basta complacerse mutuamente. Las funciones del sexo son siempre de a dos, aunque sean de a uno. Ya sean homosexuales, transexuales, activos o pasivos, con el pene o con la mano, siempre hay dos sexos. Para ser asexual hay que privarse de uno y conservar el otro o al revés.

15). Los hombres estamos conformados como un montón de espermatozoides encimados, a cual más ciego y arrebatado. No obstante, sabemos utilizarlos en el arte de agradar a la vagina. Ella es el lienzo y los colores. Nosotros, la idea y el pincel. Juntos somos la leche.

16). Eva, ligeramente distraía, descendió del árbol sin saber qué hacer. Adán estaba cerca y algo interesante colgaba de su entrepierna. A medida que ella se acercaba, el susodicho elemento se elevaba. Dios, que miraba con aire de sabelotodo, se enfureció de celos. Por más todopoderoso que fuera no podía lograr por sí mismo lo que la mujer conseguía con su sola presencia. Ofuscado, se puso a berrear como un energúmeno hasta que ambos, tomados de la mano, se largaron para no escucharlo. Así empezó la historia.

17). Por supuesto, no estaban casados. Vivían en permanente pecado y no había confesionarios ni nadie que los absolviera ni los casara como Dios manda. Así salimos.

18). ¿Es posible que en pleno siglo XXI, luego de circuncidar o salpicar a un niño… o extirparle el clítoris o recortarle los pies a una niña, pueda alguien llamarse ministro de Dios?

19). Los padres se separan y los niños se miran. Pasan los años y de alguna manera salen todos adelante. Entonces se aprecia la separación de las culturas. Mamá y papá son distintos.

20. Para quienes no creen que el sexo humano es un arte, recomendamos que asistan a un concierto. Nada más sexual que una partitura. Las corcheas, fusas y semicorcheas acosan a los soles, bemoles y sostenidos. Estos no se quedan atrás y exigen favores sexuales a negras y semifusas. Por otra parte, las perversas blancas y redondas se apañan entre sí. En medio de tanta frenética depravación, surge la música, brillante, bella y majestuosa.

8 - La existencia

1). La naturaleza que conocemos comenzó con una furibunda explosión de la que aún no tenemos certeza. ¿Cómo sería antes? Pues nada. Sin partes ni todo, ni espacio ni tiempo, *ni sexo ni edades;* ningún día nublado, ninguna esperanza. Aunque se tenga alas y ganas, no se puede volar indefinidamente. ¿Qué habrá más allá de Dios? La gravedad y otras fuerzas —un entramado de cadenas cósmicas— nos retiene en el mismo universo. Un cometa huye velozmente; cree que se va pero debe volver. El preso que se fuga no se libra de la condena ni el paciente de la enfermedad. Nuestra heredada angustia irá dondequiera que vayamos y seguirá tan campante en el siguiente universo.

2). No hay certeza absoluta de existir, ni siquiera sabemos en qué consiste exactamente. Miramos el universo plagado de estrellas y, con cierto pesimismo, pensamos. ¿Para qué sirve todo eso? ¿Qué hace gente inteligente como nosotros en medio de un desbarajuste tan grande? ¿Cuántos hogares se podrían alumbrar con la luz de las estrellas? ¿Qué nos importa el infinito? ¿Precisamos que algo sea eterno? Si el universo es un ciclo que oscila entre el ser y la nada… ¿Quedarán rezagos de moléculas en cada vuelta o todo serán novedades?

3). El conocimiento total está del lado exterior del tiempo. Una dimensión de momento inaccesible. Podemos conjeturar mucho más de lo que logramos saber. En la naturaleza solo existe la materia, sólida, líquida, gaseosa, plasma, viva o inerte. Muerto no hay nada, todo está en proceso y, con cierta frecuencia, aparecen y desaparecen las conciencias.

4). La infinitud y la quietud de la nada eran, pero no existían. La angustia seria pues el singular punto ansioso de energía, imaginado por la física. Algo parecido a la explicación que dan los padres a la pregunta de… *dónde estaba yo antes*. La insoportabilidad de no existir tendría que ser de la misma magnitud que la famosa explosión. Restos de universos colapsados podrían haber servido para el nuevo, todo se transforma. Me imagino que si se comienza en una explosión, se reinicia en la siguiente. Todos los partos son violentos y el Big Bang no parece una excepción. La nada no era tan nada después de todo y el no tiempo tiene un límite. En resumen, no hay infinito ni eternidad sino angustia permanente. Ser o no ser.

5). La existencia se expande y crea el espacio. La nada, ahora una fugitiva, toca a retirada. Es un juego. Ambas saben que se detendrán y una nueva explosión invertirá el proceso. ¿Cómo podría ser el regreso? ¿El tiempo se ralentizará hasta desaparecer o se reiniciará súbitamente? Habrá que tener paciencia y esperar que el retorno del infinito vuelva todo de nuevo insoportable. Sin embargo, algunos sobrantes de tiempo, de matemáticas, de gravedad o electromagnetismo, podrían ser utilizados en la siguiente reconstrucción. No estamos seguros. Tal vez sean sustituidos por otra realidad. En el juego de la nada y la existencia todo depende de cómo caen los dados.

6). Existimos en un lado del espejo sin saber en cuál. Suponemos que hubo otras realidades, otras nadas y quizás, otra especie humana, similar pero distinta. La desesperación nos identifica como seres vivos. Lo que somos realmente aún no lo sabemos, solo captamos la incertidumbre. El tiempo y la existencia suceden de manera desesperada y hacen de nuestra vida una realidad sospechosa.

7). Nuestro planeta, la Tierra, es la criatura idealizada por las mitologías. Se nutre de sí misma, no muere ni se reproduce y la naturaleza de la vida que la ocupa es exclusiva. Más allá rigen leyes de otras estrellas, otras temperaturas, otras densidades… No es lo mismo el carbono que el metano. Las *Tierras* que puedan encontrarse ocultas en el universo — todas lo están, solo se puede vivir a escondidas— son únicas. Diseñemos antenas que detecten la angustia y sabremos entonces si hay alguien vivo allí afuera.

8). Nuestra ciencia ha desnudado una buena parte de la naturaleza y eso la pone nerviosa. No le gusta que fisgoneen en su interior y cada tanto responde con algún cataclismo. Es obvio, la pobre tampoco consigue distinguir la realidad... Ella y nosotros carecemos de un destino comprensible. A nadie se le ocurre diseñar una máquina ajena a las leyes de nuestra física. Una rueda es redonda y debe girar. ¿Qué otra cosa podría hacer? .

9). ¿Cuándo lo sabremos todo? De la inteligencia solo tenemos el usufructo. Mientras le pertenezca a la naturaleza no podremos salir de sus salvajes y despiadadas leyes. Las cosas saben de nosotros antes que nosotros sepamos de ellas. Para evolucionar como especie racional tenemos que ubicarnos del otro lado. La vida es cosa seria.

10). Si construyéramos un telescopio que enfoque a la Tierra podríamos observar sus hábitos de subsistencia. Las criaturas que la ocupan no se apartan del ciclo de vida y muerte. Una sola pretende pasar por encima. Cualquiera sea el planeta que habitemos, siempre seremos ajenos a una naturaleza que sin duda, no nos quiere. Podemos diseñar un sistema social sin contenidos animales ni divinos. Pasamos la vida enarbolando el DNI, un documento que solo confirma nuestra libertad condicional, no que seamos civilizados.

11). Cualquier fantasía que diseñemos tendrá siempre un componente humano. Don Quijote, Superman, Mickey, Spiderman, Peter Pan, Satanás… son figuras que oscilan de un lado al otro del espejo. Todas a su manera pretenden un mundo mejor, suponiendo que el actual es lo peor. ¿Por qué sufren si están sanos, no existen, no mueren ni envejecen?

12). ¿Alguien o algo nos está observando desde afuera? Es posible que un cuerpo con extremidades, sentidos y sistemas químicos que lo sostengan, no sea necesario para estar vivo. Quizás sea más eficiente un pensamiento, una gelatina... o nada de eso. Tal vez sea algo racional que no estuviese vivo. Todo se sabe en el cosmos y, según parece, nadie envía señales en esta dirección. Una imaginaria contienda interestelar aunque fuera la única con un mínimo de sentido, tampoco resolvería la incertidumbre.

13). Podemos ser sustituidos por una civilización cibernética creada por Internet. Durante unos días se sentirá el hedor de la fermentación de los cuerpos. Los seres digitales no mueren, se eliminan. Carecen de gusto y olfato, consumen poca energía y pueden hacer todo el daño que quieran a su planeta y a sí mismos. No precisan dioses, políticos ni diáconos y lo eventuales problemas se resuelven con un *clic*.

14). Fuera de reproducirnos, no conozco otra tarea importante para hacer mientras estemos vivos. Una célula que mirara hacia atrás, seguramente diría: ¡Vaya susto!

15). En la Tierra hay que comer. Todos se comen entre sí. Un tiburón devora un pez que se va transformando en tiburón a medida que deja de ser pez. La angustia de uno se incorpora a la del otro. Todo lo que está vivo puede algún día convertirse en petróleo. Los dinosaurios parecían tan poderosos que el hombre no sería necesario. Nuestro planeta conserva su patrimonio. Con los cadáveres del primer día, compone todo lo que hoy vive y muere. Lo más parecido a la eternidad. La biomasa —materia comestible— es siempre la misma. Las especies se sustituyen pero no cambian de bando. Los dioses evolucionan con ellas y, aunque no les salga del todo bien, intentan adaptarse al medio. La Tierra defenderá a rajatablas su atmósfera, sus filtros de ozono, sus selvas y océanos. Continuará azul, rebelde y solitaria. No ha sido fecundada, carece de padres pero es madre de muchas criaturas. Una desvergonzada.

16). Es la real arca bíblica. Con infinidad de bichos a bordo navega a la deriva por el espacio. Ni los políticos, papas, rabinos o banqueros, han sabido encontrar el rumbo ni aportar un gramo libre de polución. No desesperemos, aún queda gente inteligente.

17). Comenzaremos a ser una sociedad avanzada cuando comprendamos que para vivir necesitamos muy poco; que ningún dios resuelve nada y que la vida, una irrepetible experiencia, fue una huella que encontramos en el camino, demasiado maravillosa para pisotearla.

18). La naturaleza nos obliga a vivir desesperados. Sabemos algunos misterios de la materia y del espacio. Afanosamente, buscamos un hogar libre de acechanzas. Aunque accedamos a otros mundos y habitemos en ellos, la desesperación nos acompañará.

19). ¿Qué sucederá cuando lo sepamos todo? ¿Podremos diseñar naturalezas a medida? ¿Crear hombres a *nuestra imagen y semejanza*? Tendríamos más elementos para crear un universo del que tuvo la nada para estallar a la desesperada.

20). Debemos constituirnos en una sociedad y dejar de ser especie. Solo tenemos certeza de estar vivos y en un instante. Cualquiera sea el sentido de la vida no hay opciones. Lo importante es arder. Lo que no se consume, no se recicla.

21). Los últimos días del último ser humano y su muerte sin testigos, serán sin duda desgarradores. La nulidad de su historia sería el alivio postrero del oprobio arqueológico.

22). Imaginemos el triunfo final de la naturaleza. Le llaman Apocalipsis pero solo es el fin de una especie, no del mundo. La humanidad sucumbe, el código genético desaparece y reina el silencio típico de la muerte. Los pocos que aún subsisten siguen quejándose. Otra especie merodea por los territorios humanos. No difiere mucho; el diseño original era eficiente. Las bibliotecas, laboratorios, bancos y empresas tienen las puertas abiertas. A merced del viento, las riquezas de la humanidad fluyen de aquí para allá. Los misiles se oxidan en sus hangares y ningún ejército desfila. El sol brilla resplandeciente. Los nuevos ingresan a las silenciosas ciudades. Es otra inteligencia, otra rueda, otro abecedario. Husmean por las calles alimentándose de los cadáveres en fermentación. Ignoran las universidades y las iglesias. Los ordenadores continúan encendidos. Los robots y televisores siguen funcionando. Muchos libros han quedado abiertos. No interesan las claves de los lugares estratégicos, los muertos son más apetitosos. Libres de control estallan algunos artefactos nucleares. No se elaboran noticieros ni estadísticas. Se ignoran las cifras de muertos, heridos o desparecidos y la cuantía de los daños materiales.

9 - Religión y decepción

1). Una religión humana es un compendio de conductas naturales, rodeadas de una icónica figura enaltecida como divina. Está escrita en un vetusto códice antiguo, cuyo enigmático contenido, según las modas y necesidades del momento, es interpretado por incógnitos personajes de negras vestiduras, redondos kipás o enmarañadas barbas. Abundan las advertencias sobre los peligros que acechan lejos de casa. Ofrecen protección a cambio de sumisión. Un estilo mafioso. Dicen apacentar ovejas pero en realidad trasquilan sus voluntades. Los creyentes, además de flagelarse y sufrir cuánto más puedan, deben estigmatizar a quienes no piensan como ellos. En lugar de un merecido puñetazo, el dios que los ha creado para que se avergüencen de sí mismos, es en cambio venerado. Los códices mencionan también la inminencia de un rescate, sin especificar cuál es la amenaza. Todo no pasaría de ser una fantasía si no fuera por la descabellada afirmación de que somos amados por un dios, que en realidad nos aborrece, nos humilla y embrutece. En la exclusiva mesa del *poder organizado,* la religión, junto con el dinero y el enemigo, tienen asiento reservado.

2). Más real es la religión de la naturaleza, el instinto de la conducta que identifica a los miembros de una misma especie. No está escrita en ningún libro sino en el código genético de cada una. Los biólogos le dicen hábitos o costumbres. Las abejas hacen miel, los leones cazan y a nadie se le ocurre escaquearse. El instinto religioso, presente en los seres vivos sin necesidad de dioses, es lo que determina las conductas a seguir para llegar con vida a la muerte.

3): Ambas son las instrucciones de uso. En una no hay pecados, solo vida y muerte. La otra aporta un dios, culpa, perdón, castigo y barajar de nuevo. No le interesa el virtuoso de pie sino el pecador de rodillas. La religión humana adereza a sus dioses con íconos terroristas de demonios, ángeles, arcángeles, mártires, profetas, oráculos, sangre y fuego.

4) El único dios no de ficción y no de bronce, es el dinero. El Nuevo Testamento así lo reconoce y nos informa con toda claridad, que el precio de un dios en el mercado es de treinta monedas de plata. Nadie hubiera pagado una de más ni lo habría vendido por menos.

5). La dictadura política restringe las libertades sociales y no admite objeciones. La dictadura religiosa culpabiliza a las personas y tampoco admite objeciones. A ninguna le interesa la dicha del hombre sino sus infracciones y pecados. Una muere con el dictador y la otra no. La democracia, pese a sus vilezas, permite elegir a los políticos. Nadie vota a los dioses.

6). Internet, aún en pañales, diseña conductas y dietas varias. En breve será una religión cuyas divinidades surgen y desaparecen con solo un *clic*.

7). Los dioses cambian de nombre y de vestimenta pero no abandonan los atributos de probado funcionamiento. El rayo castigador nunca falta. Metamorfosearse en elefantes, cisnes o palomas para engatusar y copular con las apetitosas humanas, tampoco. Estas costumbres divinas avalan la violencia que algunos hombres ejercen sobre las mujeres. Pero no son tan listos como los dioses, lo hacen a cara descubierta.

8). Concebir al hijo de un dios parecería ser motivo de satisfacción para una mujer, pero en ninguna página de la historia se observa algún consentimiento. El cristianismo dio un paso más y anunció a la elegida su inminente violación. Tampoco esperó el conforme.

9). El útero, un complejo órgano alojado en el cuerpo femenino, es de público usufructo. Cualquier espermatozoide puede ponerlo en marcha y siguiendo el ejemplo divino, ni falta que hace preguntar. Una vez que arranca comienza la polémica. Para salir de una cárcel antes de lo previsto hay que fugarse. Las simientes divinas tienen sus bemoles. Los hijos por ellos engendrados nacen de maneras inverosímiles, incluso de vientres vírgenes.

10). En las religiones del hombre no faltan cruentas imágenes de sangre derramada. Algunas alimentan a sus fieles con el cuerpo y la sangre de su dios, alojado por arte de birlibirloque, en obleas de agua y harina. Esta religión es muy extraña. Una imaginaria expedición venida de remotas galaxias a la Tierra —famosa por su biodiversidad— se asombraría de sus extraños hábitos. Primero matan a su dios, luego lo resucitan… más tarde se lo comen y por último, arrepentidos, se flagelan implorando su bendición.

11). Los castigos que reciben quienes se saltan las normas son varios. Desde pasar la eternidad a las brasas o el águila que mastica hígados o la enorme piedra que sube y que baja…hasta proféticas relaciones incestuosas. Cuando muchos mueren por una quimera, esta se transforma en religión y matará a los de la anterior quimera.

12). Dicen que se debe obedecer a Dios como si este supiera lo que hay que hacer. Fue el primero que se lavó las manos y plagia como propias las conductas de la naturaleza. La angustia humana lo mantiene vivo. Le gusta vernos sufrir.

13). La religión predica no matar a uno pero sí a unos cuantos. Un muerto nos acongoja pero muchos nos alegran. Fieles y herejes mueren para gloria del mismo dios verdadero.

14). La existencia de Dios sin el hombre sería, además de imposible, insípida y aburrida. Es más lo que nos debe que lo que nos reclama. Ningún animal salvaje lo conoce. En caso de verlo se preguntarán si es comestible. Salvo el hombre, todo el mundo en la naturaleza es ateo. ¡De la que se han librado! Las plegarias son, en realidad, reclamaciones de las numerosas deudas y afrentas contraídas con la humanidad.

15). Queremos un dios que de niños nos abrace con ternura y, ya de adultos, nos juntemos a compartir una cerveza y a admirar la belleza de las flores, de los cerros y los mares. No queremos un impotente, envuelto para regalo, en ostentos templos impregnados de incienso.

16). Los humanos nacemos hadas o duendes ansiosos de vivir. La religión y el *poder organizado* nos envuelven en el miedo. Pasamos a la fase de crisálidas, emergemos como seres humanos y seguimos la *configuración predeterminada*.

17). En las clases de catequesis aterrorizan a los chicos con cruentas imágenes de mártires sanguinolentos o barbacoas de pecadores. El niño sabe de la teta pero nada de Dios. Tiene que serle enseñado. El ilusorio ángel de la guarda, un espía de las conductas, no protege a nadie, informa al jefe. Hemos creado una organización internacional de protección a la infancia en la que se permite imponer creencias no verificadas ni demostradas. Si el sexo es cosa de adultos, cuánto más lo será la religión.

18). El niño, un cachorro sin opciones, solo puede creer lo que hacen o dicen los adultos. Cualquier bicho enseña a sus hijos quién es comestible y de quién hay que cuidarse. El humano se empeña en engañar a los niños para desesperar a los adultos.

19) La técnica de laminación de los metales es similar a la utilizada en la enseñanza. El sólido bloque al rojo vivo, va pasando por distintos rodillos hasta quedar reducido a una fina chapa, que se modela con la misma facilidad que un alumno de primaria.

20). Abraham alzó el cuchillo sobre su hijo porque Dios, dice el texto sagrado, quería ponerlo a prueba. Uno tenía fe y estaba decidido, pero el otro no creía ni en sí mismo.

21). El hombre anda erguido pero las religiones lo ponen de rodillas. Inmerso en la trampa de la existencia, le pasa su angustia a una entidad exótica que ama pero no sufre. No reza ni llora, aplica dolorosas reprimendas y está obligado a ser el todopoderoso como si ello significara algo. Aparte del mencionado impedimento de erguir el miembro masculino, no puede confesarse ni ir a misa y acude a los burdeles disfrazado de paloma. Solo puede ser eterno y nada de suicidarse. En fin, un desamparado. Una paradoja existencial y de las buenas. El hombre, más afortunado, muere, se recicla y abriga la esperanza de concebir un dios amigo de la gente y no un sicario al servicio del *poder organizado*.

22). ¿Qué puede hacer un cachondo varón frente a la misteriosa mujer que descendió desnuda del árbol con una manzana en la mano y una serpiente enroscada entre los senos? No era para dejarlo pasar. La primera brújula de la historia fue el miembro erecto de Adán apuntando a Eva. ¿Cómo sería si habrían obedecido el mandato divino? Pues que la inteligencia humana no hubiera pasado del nivel de una ameba. No existiría ninguna de las contradicciones que hacen tan fascinante la vida. ¡Gracias Eva...! ¡Gracias Adán…! Sois nuestros auténticos salvadores. Os debemos el pecado, la alegría, la libertad sexual y la pasión. El demonio o quién fuera que estaba allí, sabía muy bien lo que hacía.

23). El que arribó más tarde, el ungido por la divinidad, no vino a salvar a nadie sino a restaurar el antiguo régimen dictatorial.

24). Los libros sagrados no mencionan la fresca vagina de donde salen los seres humanos y algún que otro dios. El papa, Jesucristo, Al

Capone, Hitler, tú y yo, hemos ocupado el útero de una madre y mamado de sus cálidos pechos. ¿Qué otra cosa podría ser la santidad?

25). La familia cristiana es tal cual la representa la mitología. Un padre, ceñudo e inseguro, ceba sus frustraciones en su andrógino hijo. Pese a los terribles castigos que anuncia, no consigue ser obedecido. Impresiona como poseedor de un vigoroso pene pero en realidad, necesita de emisarios que lo sustituyan.

26). Como compañera de semejante entidad aparece una sumisa mujer que sabe parir —y suponemos que también amamantar— pero no concebir. Se ignora si tiene periodos menstruales. Para fecundarla no hace falta enfrentarse a un clítoris palpitante; con una paloma basta. Copular con la araña tiene sus riesgos y se sabe que no respetan a nadie. Los astutos dioses se disfrazan para dejar su simiente y salir a la disparada. A la buena de Eva no le gustarían los penes voladores. Si se le aparecía una paloma, seguro que la ponía al fuego.

27). Un hijo que siente los calores genitales, pero teme el siniestro mandato paterno, completa la trilogía. Recela de su entrepierna pero lava los pies de la mujer pública. Una familia de infructuosas inmolaciones. Recelamos del pato Donald y sus sospechosos sobrinos o de la extraña convivencia de Blanca Nieves con los siete enanitos. ¿Qué les parece esta?

28). Para ser admitido en la mesa del poder, el cristianismo solo hizo intercambiable la primera palabra de la expresión *amaos los unos a los otro*. Según las circunstancias se podía elegir: *mataos, engañaos, embruteceos, quemaos, torturaos…*

29). Las religiones dan al hombre lo que este pide: oprobio, vergüenza y castigo. La educación es la piedra fundamental. Construyen colegios donde la razón no cuenta, solo la obsecuencia. La imagen de herejes portando sus sambenitos en la edad media, es la misma de alumnos puestos en ridículo en el siglo XXI. Inculcan la doctrina del sufrimiento y su mejor arma es el abuso carnal. Parece una excepción pero es la norma. Un trauma de la infancia es como una marca de fuego en el ganado. Nos quejamos de la esclavitud del cuerpo pero ignoramos la de la mente. Una se cura de las heridas pero la otra no se recupera con facilidad. Solamente así, adoctrinando a los niños, se entiende que la patraña de dioses, culpas, sangre y remordimientos, siga aún en vigencia.

30). Predican el amor pero ejercen el odio. Enfrentan a hombres y mujeres con el anatema de que unas son infieles y otros violadores. No mencionan que Jesucristo, su héroe máximo, es el fruto de una violación. Nos asombramos de la ignorancia de la edad media pero pasamos por alto la del siglo XXI. Adoctrinar a un niño es terrorismo religioso.

31). Las persecuciones convocados por dioses y demonios alcanzaron su pico máximo con el cristianismo. Murieron por el odio que inspiraban y mataron por el que ejercían.

32). Los libros sagrados, un puzle compuesto de codicia, lujuria, odio, envidia, amor y altruismo, son un compendio de psicología humana. Dios aparece cuando el texto reclama una gestión fantasiosa. Una artimaña literaria que aún utilizan guionistas de cine y televisión.

33). Sabemos del fuego, la rueda, la penicilina y de cómo llegar a la Luna y a Marte. ¿Qué sabemos de Dios? Solo que es miembro del *poder organizado* y el símbolo del miedo. Estaba visible en Sodoma y Gomorra pero escondido en Hiroshima y Nagasaki.

34). Aunque su destino sea pudrirse, el cuerpo humano es muy valioso. Nada sucede sin que el cuerpo lo sienta. El hambre, el placer, el arte, el amor, el sexo, el odio… le pertenecen. El alma no tiene orgasmos, se la compra y se la vende con el propósito de apropiarse de los cuerpos. Los clavos deben hundirse en la carne para adquirir sentido en la historia. Los cuerpos gozan, sufren o se reciclan. Las almas desaparecen. Se las juzga en ausencia.

35). Todas las religiones, desde Visnú a Cuthulú, dictan conductas a la sombre de una divinidad de fantasía. Si la última es imaginaria. ¿Por qué las otras tienen que ser reales?

36). Si Dios es una entidad fuera de la naturaleza, es obvio entonces que esta no existe porque nada perfecto puede haber en ella. Si en cambio, estuviera dentro, padecería la angustia de comer y ser comido y no tendría certeza de ser lo que cree que es.

37). Los dioses se adaptan a la demanda como las vestiduras, las comidas y los automóviles. Los judíos lo necesitan severo, prohibitivo y castrador. Los musulmanes, furibundo, exigente e implacable. Perdonar y barajar de nuevo es la preferencia de los católicos. En desvalorizar a la mujer y abusar de niños y niñas se han puesto de acuerdo.

38). ¿Los animales, plantas y gusanos que devoran cadáveres, también tendrán otra vida o es solo un privilegio humano? ¿Dónde resucitaremos al final de los tiempos? Tendrá que ser un planeta muy grande. ¿Hay bichos virtuosos y bichos pecadores? ¿Estarán también en el cielo y el infierno o pasarán por un ciclo de desinfección? ¿Se podrán exterminar insectos en el más allá? ¿Los astronautas que salen de la Tierra, están privados del amor de Dios? Nuestros ancestros que inventaron la rueda, el fuego y se asustaban de la lluvia, ¿irán al cielo, al infierno o a un curso de formación? ¿Serán perdonados los pecados anteriores a Cristo? ¿Hay dioses homosexuales, transexuales o asexuales? ¿Cómo serán los del futuro que nos copian y siguen por miedo a desaparecer? En fin, solo Dios lo sabe.

39). La moral censura el clítoris a la vista y el pene en erección. De ellos depende nuestra supervivencia pero solo se los ve en exhibiciones pornográficas. Le llaman explícito pero es implícito. De allí venimos, y como los salmones, allí volvemos. .

40). ¿En qué consiste lo pornográfico?¡Hombre! ¡Qué pregunta! El placer no es decente

41). En resumen, si no le diéramos la existencia a dioses perversos, el universo y la Tierra seguirían tal cual… y nosotros seríamos mejores personas.

42). Todas las mitologías manosean la reproducción humana. Los dioses de Egipto, Grecia, India… conciben y son concebidos de extrañas y sugestivas maneras. La simiente masculina se presenta bajo cisnes, palomas e incluso elefantes. Las diosas dan a luz por donde les plazca pero las humanas deben hacerlo como Dios manda. En realidad, dioses, demonios y humanos somos concebidos mediante la unión de los dos gametos de siempre.

43). Las vidas de Jesús y de Buda tienen cierto paralelismo. Un dios de leyenda nace cuando muere un humano de verdad.

44). No hay que preocuparse por el asunto de los dioses. Son vecinos. Todos, no importa de qué manera, engendraron hijos en la Tierra. Los forasteros, ni bien aterrizaron, se dedicaron a perseguir a las hermosas humanas. Uno de ellos, el más celoso, inventó el noveno mandamiento solo para preservar los mejores cotos de caza.

10 - Los redentores

1). Parece que el mundo estuvo mal desde el comienzo y solo los mesías, salvadores de la humanidad, lo saben. Surgen de vez en cuando. A veces son universales y otras locales. Las multitudes, siempre agobiadas por las desigualdades, los siguen enfervorizadas. Vienen a por el reino de los cielos, la revolución del proletariado o la autodeterminación de los pueblos. Palabras rimbombantes que no agregan nada a la realidad. Nos muestran un enemigo y se convierten en otro.

2). La prensa, el cine y la televisión aparecen, en cambio, todos los días. Su misión es la misma pero al revés. Crear modas y conductas. Son formadores de opinión, hábitos de consumo y pastores de indecisos. Afirman defender nuestros derechos y protegernos de los lobos, pero en realidad, nos entregan a ellos. Si antes, disimuladas en románticas escenas, divulgaban el arte de fumar, ahora, escondidas en un thriller de narcotráfico, enseñan el consumo de cocaína u otras sustancias. Son mercaderes de ansiedades, vicios y desesperaciones. Y si vamos un poco más allá, son caníbales de juventudes. Se ensañan en los jóvenes y débiles.

3). Hay redentores míticos, obras de la literatura. Despiertan simpatía pero no sirven para nada. *Robín Hood* o el *Zorro,* miles de veces reproducidos, son tigres de papel. Los que realmente triunfan son el sheriff de *Nottingham* o el alcalde de *Pueblo Grande.*

4). Las revoluciones habidas en Francia y Rusia fueron tan importantes como similares. Tal como todo el mundo anhelaba, derivaron en períodos de terror, purgas y generaciones perdidas. La sangre hierve y ejecuta lo que la razón no se atreve. El gobierno de la gente solo es un sueño de inflamados idealistas. Somos criaturas sujetas a necesidades primarias. El *poder organizado,* a modo de golosinas, introduce algunas modificaciones. Pasado un tiempo, vuelven las leyes de la naturaleza. Solo algunas migajas germinaron de tantas y tan sangrientas revoluciones habidas en nuestra historia. Una materia que, no obstante su importancia, es enseñada como una secuela de sucesos sin dar lugar a debates o reflexiones. Se profundizan más los eventos religiosos de dudosa credibilidad, que los hechos y acciones que realmente influyeron en nuestra vida.

5) Las propias castas gobernantes crean las condiciones para que un iluminado líder asuma las reclamaciones populares y encabece una revolución. Necesitan un enemigo. Las crisis de cualquier naturaleza, tal como se describe en el famoso mito de las cavernas —aún vigente— son fundamentales para que la masa silenciosa no vea la realidad.

6). A un período de bienaventuranza le suceden varios de adversidad. Si el ciclo del dinero fuera estable, es obvio que no habría pobres ni ricos. La inflación y las crisis monetarias sirven para empobrecer a muchos y enriquecer a pocos.

7). ¿Qué sucede con los que no copulan o no logran sus propios territorios? La plebe de una manada salvaje son como los pobres en la humana. Igual de salvaje es el capitalismo del más fuerte, que desde hace siglos y bajo diferentes dioses, gobierna a la especie humana.

8). Las desigualdades sociales cumplen un ciclo de resignación… y estallan. Un redentor surge en escena para liderar movimientos de izquierda. Es por todos bienvenido. Para unos representa el mesías salvador y para otros el enemigo necesario para que todo siga igual. A un corto período de ebullición le sucede una crisis, una palabra-costumbre. Hay manifestaciones, críticas y siniestras profecías de agoreros, que de manera misteriosa, brotan también en las crisis. De súbito, aparece la violencia y ya no hay marcha atrás. Sin sangre no pasa nada. El redentor es preso, calumniado, sobornado, sacrificado o crucificado. De todas formas, comienza a ser leyenda y la manada, tanto o más humilde que antes, se dispersa. El beneficio que rinde un redentor es muy grande en comparación con el reducido coste de matarlo.

9). Con solo un mínimo de carisma y la muletilla de un mundo mejor, los redentores mueven multitudes, cambian gobiernos, surgen nuevas leyes y nuevos países... Pasan los años y la condición humana prevalece. Las desigualdades regresan y las necesidades básicas, alimentación, energía, salud y educación siguen en manos de monopolios.

10). Los movimientos sociales comienzan por la izquierda pero, a medida que se internan en el territorio salvaje del poder, se desplazan a la derecha como girasoles al sol. Solo así es posible gobernar. Los gobiernos de izquierda aparentan mucho y duran poco. Siempre fragmentados, sirven para sustentar a una monolítica derecha. Las ideologías de izquierda parecen reclamos pero son señuelos. Transitorios mesías son diseñados para que, sin utilizar el látigo, la gente siga tirando del carro sin quejarse.

11). Mientras pertenezcamos a la naturaleza, el mundo que nos ofrece es el mejor posible… para ella. Los dinosaurios o humanos que queden en el camino le importan un pito.

12). Los redentores deben morir de manera trágica. En la cama no sirve. El *poder organizado* no mata directamente. Utiliza el fanatismo, la vanidad o la codicia de los vulnerables. El asesino es asesinado y todo queda en nada… o se nombra una comisión investigadora. .

13) Hay mesías de varias clases. Los *sociales* se afanan en incrementar la pobreza luchando contra ella. Abundan bajo distintitos lemas Los pobres no producen pero consumen. Mueven la economía del mundo. Alguien pondrá el dinero de la caridad.

14): Los *idealistas* lideran a ingenuos y fanatizados combatientes. El público los adora. Traicionados por el dinero, caen bajo las balas y comienza el mito. El *Che Guevara* decía que él ponía el pellejo… y lo puso. Un prócer condecorado por el enemigo.

15). Los *pacíficos* se alzan contra el poder constituido y pretenden cambiarlo por el reino de los cielos, distinto pero igual. Mueven multitudes. Muerto el predicador, nace la quimera. Quienes gobernaron el mundo después de Cristo eran los mismos que estaban antes. Algunos dioses fueron convertidos en modelos de pintores, poetas y escultores. Con un solo dios no hay que gastar dinero en construir un templo para tantos como había. Los pecados, vicios y virtudes quedaron tal cual los necesitaban los gobiernos. Los cristianos comenzaron muriendo por su fe y terminaron matando por la misma. ¿Eso define a un dios como el verdadero? En materia de matar, pedir perdón, santificar a las víctimas y volver a empezar, nadie los iguala.

16). Los *internacionales*, como Mahatma Gandhi, logran expulsar a los colonialistas… pero algún codicioso lo asesina y comienza la leyenda.

17). También están los *comerciales*. Estrellas de cine son conducidas a la fama y brillan en todas partes. Se casan y divorcian varias veces, Cuando se apagan las luces de la vanidad, se atiborran de barbitúricos en la más absoluta soledad. Muchos admiradores y ningún amigo. Si vivos rinden dinero, muertos, mucho más. Sus efectos personales son rapiñados y subastados. Los turistas visitan donde murió el mito y compran su *merchandising*. Dictadores, delincuentes o aventureros de fama se incorporan a la lista. Un calzoncillo de Hitler puede valer tanto como uno de Eisenhower o de un *narco* famoso o una braga de Marilyn.

18). Hay también, aunque no lo parezca, mesías estúpidos. *Tarzán de la selva* se lleva las palmas. Si alguien incordiaba a todo el mundo en la selva era justamente él.

19). Los animales salvajes ignoran —y no les interesa— conocer el origen de la vida ni las distancias o medidas de las cosas. Solo les preocupa respirar a la luz y al calor del sol, comer y conservar el placer de estar vivos. Nada complicado. A pesar de nuestro raciocinio nos incluimos entre ellos, pero no lo hacemos igual. La naturaleza es demasiado salvaje para nosotros. Del lado de afuera, mataríamos menos y, sin necesidad de abandonar ni el dinero ni la ciencia, cuidaríamos más a nuestros amigos irracionales. Aprendemos mucho de ellos.

20). La civilización ha consistido en aplicar parches sobre parches para maniatar y amordazar al mismo bicho. Si un extraterrestre aprendería a leer, nuestra historia le parecerá un desperdicio. La inteligencia nos hace autodestructivos. No nos llevará a las estrellas sino a la desaparición. La naturaleza respirará aliviada y se cuidará muy bien de embarcarse otra vez en diseños sospechosos. Mientras seamos animales racionales, la Tierra estará en peligro.

21). Hace millones de años estuvo tan saturada de gigantescas criaturas que no podía con todas. El famoso meteorito no fue casual. ¿Está ahora repleta de humanos? La isla de Pascua no estaba sola en medio del Pacífico, pero la Tierra sí lo está en medio del espacio.

22). Los conquistadores de América pretendían, solo por llevar la cruz, ser civilizados. Tildaron de bestias a las sociedades precolombinas por sus rituales sangrientos. Un sistema cruel, pero efectivo, para adecuar la cantidad de alimentos a las bocas abiertas. La naturaleza lo hace desde el comienzo. Además y por las dudas, ha puesto un tope a la inteligencia de sus criaturas. El hombre fue suficiente escarmiento. No dejará que se repita.

23). Indefectiblemente, el cristianismo y otras religiones tocarán a su fin y el ser humano saldrá de la naturaleza. Ello cambiará todo el sistema social y económico de nuestra sociedad. No habrá guerras innecesarias ni hipócritas manipulaciones de muertos ni requisitos morales para procrear. *Todo estaría permitido*, según auguraba Dostoievski.

24). Los redentores ralentizan la evolución. La investigación científica, el advenimiento de la clase media, no presente en las manadas irracionales, y la Unión Europea, me parecen los hitos sociales más importantes de humanidad. El resto es naturaleza pura.

11 - La belleza de las cosas

1). El arte es un útero alternativo. Da a luz obras que encienden nuestras emociones. La vida es algo más que trozos de carne desparramados en el espacio. La belleza es la fuerza oculta que la vuelve indestructible y da sentido a la existencia. Para que un Big Bang sea creíble tendrá que crear belleza. El raciocinio humano, un testigo de confianza, corrobora que todo es hermoso, fulgurante y en permanente creatividad. A nuestro alrededor y siempre accesible como buena madre, está la Tierra y su torcido eje de rotación. Profundas depresiones y erguidas cumbres; unas nevadas y otras inundadas, distinguen su origen volcánico. Su atmósfera, a veces susurrando y otras aullando, la recorre incansable de un lado al otro. Los antojos de la luz vuelven verdes las primaveras, azules los océanos, ocres los otoños, blancos los inviernos y polícromas las flores. Hay bichos de todas clases. Unos leen y escriben y otros solo se dicen cosas importantes. Funcionan a pleno los colores y las melodías. Inquietas criaturas recorren los pentagramas y se introducen en los instrumentos. En el cosmos se aplaude la música de la Tierra, el *adagio* de sus tardes de estío, el *multo vivace* de sus amaneceres, el *maestoso* de sus volcanes, el *andante con brío* de sus vientos y el *molto furioso* de sus terremotos y mares embravecidos.

2). Si pudiéramos introducirnos en una escultura, una pintura o una novela seríamos nosotros mismos la belleza de las cosas y respiraríamos la modorra del oxígeno. Los dioses solo conmueven a sus creyentes. El arte conmueve a todos.

3). Imaginemos que debemos poblar un planeta y contratamos al mejor diseñador del universo. Asistido por disimiles naturalezas terminará creando criaturas simétricas con piernas, brazos, bocas, ojos, garras, olfato, sabor, tacto, penes y vaginas. Es el mejor diseño para habitar en las alambradas llanuras y escarpadas montañas de un mundo vivo. Por solo ser eficientes, tales criaturas serán también gráciles, armoniosas y presumidas como nosotros.

4). La belleza que nos rodea y a la que rodeamos, hace viable nuestra existencia. La vida es hermosa y aunque sintamos un enigmático temor al contemplar las estrellas, también nos invade el orgullo de estar vivos y habitarlo. Una asignatura en la que no estamos solos y no precisamos de la vida ni de la inteligencia. Hasta las piedras lo saben.

5). ¿Cómo pudo suceder algo tan magnífico? ¿A quién se le habrá ocurrido? A Dios seguro que no, él solo se ocupa de escudriñar bajo las faldas en busca de pecados. La Tierra, el museo del cosmos., es también el taller de restauraciones. Allí, los gusanos que protagonizan el inagotable festín de la vida, perpetúan nuestra existencia de generación en generación. Otras sociedades, diseminadas por el espacio percibirán el bullicio de nuestra masticación y querrán imitarnos… o ilustrarnos.

6). Somos los notarios del universo, los auténticos extraterrestres. Damos fe de la existencia y de la belleza y beligerante armonía de las cosas. Escribimos o tallamos la historia para que todos, letrados e iletrados, sepan que, escondido en la estúpida vastedad del cosmos, hay un pequeño y hermoso planeta azul, atiborrado de prohibida inteligencia.

7). Los desechos industriales mancillan el bullicio de las células que fermentan en el agua estancada. Exhiben la metamorfosis de la energía. Si lo vemos en la naturaleza obstruiremos la nariz y seguimos de largo. Pero si el estanque de desechos industriales se exhibiera en el Louvre, el Prado o el British, aspiraríamos con ansias el hedor de la civilización.

8). El cosmos es una galería de arte, de momento, infinita. Hermosa la forma, rotación y traslación de los cuerpos celestes. Fascinante el baile cósmico de las estrellas. Fastuosas las explosiones de la materia. Belleza en el rayo de luz que atraviesa el espacio de cabo a rabo…, si es que hay cabo y rabo. Los cuerpos giran, viajan, chocan, explotan y se funden en miles de fuegos, helio e hidrógeno. ¡Qué bella es la entropía de un solo átomo! La Tierra, además de la luz, el calor y moverse como un carrusel, tiene elefantes, árboles, selvas, dinosaurios, criaturas que la recorren noche y día… e industriosos seres que construyen fábricas.

9). El mismo humano sensible a la belleza, produce los compuestos que la destruyen. Una impúdica flor desnuda nos despierta el impulso de arrancarla para aspirar el aroma de sus genitales. Imaginemos que de un día para el otro, desaparece el conocimiento que hemos aportado y volvemos a ser primates. Las ciudades, las iglesias, los campos, los hospitales y las fábricas olerán mal. Las gasolineras derramarán fluidos extraños. ¿Alguien notará un cambio? ¿Servirá la historia que hemos escrito? ¿Será útil la ciencia que tantas veces nos quitó el sueño? Las bacterias volverán a los quirófanos como si nada hubiera pasado. Los insectos, plantas y animales seguirán en sus quehaceres milenarios de nacer, vivir y morir. Nadie sabrá cuán grandes éramos y cuántas cosas sabíamos.

10). Damos prioridad a lo superfluo en aras de un sistema económico que nos da abundante dinero, poca felicidad y mucha basura. Hemos ido a la Luna, prolongado la expectativa de vida, desentrañado los misterios de la materia y creado el peor de los venenos: la basura. Las criaturas irracionales producen desechos reciclables, solo el humano elabora basura. Nos pavoneamos de la penicilina, el teléfono, la rueda, el transistor y de todo lo que mejora nuestra vida, pero omitimos lo que la empeora. A fin de cuentas, no es tan grave. Todo queda en casa. Los mismos compuestos químicos de siempre, ordenados de otra manera, conforman la basura. Igual pero distinto. Nuestros desechos no pertenecen a la naturaleza de siempre, la hemos vencido. ¿Cuál sería el precio de esta victoria? El hombre del futuro será a *nuestra imagen y semejanza*, pero no de barro sino de basura. Igual pero distinto.

11). Las plantas y el sol se unen para convertir elementos inorgánicos en orgánicos. Luego de un extenso viaje de aventuras a través de estómagos e intestinos, la muerte los devuelve a su condición anterior y el ciclo se reinicia. Sin arte ni parte, los plásticos se incorporan a la cadena trófica. La vida no se va a mosquear por eso. Seremos los mismos bichos, personas y animales, pero distintos. El mismo diferente planeta. La tabla periódica de elementos no variará. La vieja naturaleza se recreará a sí misma en distintas mezcolanzas que darán lugar a nuevas mutaciones genéticas. Un maloliente ser humano aguarda en las sombras.

12). La agotada revolución industrial ha concluido. Las fábricas serán sustituidas por las granjas moleculares, almacenes de partículas. Para actualizar el coche, por ejemplo, se podrá ir a la más cercana y reciclar el viejo en sus átomos y moléculas. Los mismos componentes se vuelven a ordenar de otra forma. Sin contaminar ni crear basura, se tiene un último modelo en cuestión de horas. La manipulación genética, la de las células madre y de las partículas subatómicas, dará lugar a una naturaleza de diseño humano. Iremos por los caminos menos transitados. No faltarán las irascibles amenazas de obispos, rabinos, imanes y patriarcas. Para entonces, el infierno se habrá consumido, pero el sol seguirá en su rol de estufa cósmica.

13). No tardaremos en saberlo todo. Los futuros materiales vivos reemplazarán a los robots y prácticamente, a todos los mecanismos. La nueva naturaleza no será espontánea, salvaje ni azarosa sino civilizada. Un motivo de admiración para supuestos alienígenas que, ansiosos de imitar nuestra sabiduría, se acerquen a la Tierra.

14). Sabremos tantas cosas que, solo para deleite de nuestra vanidad, los océanos producirán olas del tamaño que les indiquemos mediante una señal de nuestro móvil.

12 - ¿Qué hacer?

1). El poder político controla una sociedad, guiada como un rebaño de ovejas por los medios de comunicación, pastores de ideas y opiniones. La consigna es sufrir. La normativa cristiana transforma el natural miedo a la vida en un pecado original. No obstante, nadie gobierna al individuo. Ni siquiera, y a pesar de apropiarse de la ajena, las personas que conforman el *poder organizado*, logran su propia felicidad. El miedo no reconoce desigualdades, afecta a reyes, mendigos, gobiernos y gobernados; honestos y corruptos. Las perdices que nutrían la felicidad de los príncipes y princesas de nuestra infancia, eran lo único real.

2). Según nos machacan con la palabra apocalipsis, un aciago destino aguarda a la especie humana. La devastadora deflagración que pende sobre nuestras cabezas, liquidará de una sola llamarada, todos los pecados de la historia. El ansiado *mundo mejor* resulta entonces inalcanzable. Solo en minoría y fuera de la vista de los vigiladores de conductas, los individuos pueden acceder a instantes de plenitud. La sociedad grande implica sufrimiento grande.

3). Presumimos de inocentes hasta que se demuestre lo contrario. En una ciudad plagada de cámaras de vigilancia, esta frase ya no dice nada interesante. Las leyes políticas regulan la convivencia de la sociedad. Las religiosas la intimidad de las personas. Basta subirse a un púlpito para predicar el apocalipsis a quienes no creen, no pecan y ningún dios les interesa.

4). En la naturaleza lo que importa es la especie y ninguna es feliz en su conjunto. Amenazas de toda índole se ciernen sobre ellas. Las conductas y las emociones colectivas van y vienen, son contagiosas. Los seres vivos se distancian entre sí como las estrellas de sus planetas o de otras estrellas. Besuqueos, lambetazos, abrazos y manoseos convierten una conducta en una emoción y viceversa. Emoticones de antes y de ahora.

5). La satisfacción civilizada de los instintos y la trasgresión lícita son claves para la felicidad individual. Un trasgresor se escurre en el rebaño. La ley que no ve no se aplica.

6). Algunos refranes son repetidos hasta la saciedad sin que a nadie se le ocurra indagar en su significado. *Conócete a ti mismo,* una frase atribuida a un antiguo mesías, condenado antes y por similares motivos que Jesucristo, es más profunda de lo que la moda interpreta. La información que se halla en nuestro interior no es ficticia sino real y precede por muchos siglos a la suministrada por políticos disfrazados de pastores.

7). La madre no siempre es la abnegada figura que sacraliza la moral, ansiosa de adeptos obsecuentes. No hay que procrear a la bartola solo porque dicen que Dios lo dice. El parche de la concepción obligatoria, una conducta predeterminada, deteriora a los matrimonios y a los niños —no siempre deseados— que de esas uniones nacen. El *poder organizado* requiere de una renovación constante de incauta clientela. La naturaleza no puede con todos y si alguna vez tendrá que elegir, no será a nosotros. Tildamos de salvajes los controles de población aplicados por antiguas culturas e intervenimos en el desarrollo de otras especies. Sin embargo, solo para sostener un sistema económico aún más salvaje y destructivo, no controlarnos nuestro desmesurado crecimiento.

8). El buen humor es felicidad. Nada es tan solemne que no merezca una carcajada ni tan cómico que no requiera una lágrima. La manipulación de los cadáveres es trágica y grotesca a a la vez. La ostentosa solemnidad de sus ridículos rituales no depende de la congoja sino del dinero que aportan. La soberbia humana no tolera el hedor del regreso a lo inorgánico.

9). El sistema económico requiere crecer, crecer y crecer. Llega un punto en que todos tienen de todo, la oferta supera a la demanda y los bienes son de efímera existencia. Ni bien salen al mercado pierden su valor pero no el precio. Estos no pueden llegar a cero pero el valor sí, se hace negativo. Baja la calidad y aumenta la cantidad. El sistema se muerde la cola y crea basura para seguir funcionando. Una buena parte de lo que adquirimos en un *súper* es basura. De solo llegar a casa desechamos envases por los que hemos pagado impuestos. Como si eso no bastara, debemos reciclar gratis la contaminación de las corporaciones.

10). Patrones y obreros se afanan tras el dinero para mejorar su calidad de vida. En esa búsqueda desesperada, lo que se pierde justamente, es la calidad de vida.

11). Los políticos se aceitan las cuerdas vocales para pronunciar palabra sebosas que se deslicen sin detenerse en el raciocinio del electorado. Resuelven problemas reales con propuestas demagógicas. Luego de la elección no se quitan la careta, la cambian por otra.

12). La manipulada democracia no ha fracasado pero se ha envilecido. Los medios y sus encuestas no son de fiar. La opinión pública se nutre de lo obsecuente, grotesco, ordinario y conflictivo. Por parte de los medios, corporaciones, gobiernos y jerarquías religiosas, recibimos el trato de retrasados mentales. Cada tanto nos arrojan el mismo hueso, ya chupado por otras generaciones, para que volvamos a menear la cola.

13). La policía, ni en la peor de las dictaduras, irrumpirá en nuestros hogares para obligarnos a consumir baratijas, encender el televisor o quitar las placas solares del tejado.

14). La pornografía ilustra acerca de diversos comportamientos sexuales. Es más instructiva que algunos chocarreros programas televisivos que se emiten en horario infantil.

15). Se puede vivir sin producir pero no sin consumir. Una imaginaria conducta de consumo inteligente despertará la alarma. Siniestros mecanismos se pondrán en marcha. Los medios infundirán el miedo al desempleo y publicarán estudios de ignotas universidades. *No renovar el televisor es nocivo para la salud. Consumir baratijas mantiene la mente ágil y el pene erecto...* Todos esquilan a las mismas ovejas... y a sí mismos.

16). La primera parte de una crisis económica es la de los bancos y empresas. Hace mucha bambolla y se resuelve con rapidez. Despiden gente, se fusionan o se van a otro país. La crisis de verdad, la del empobrecimiento de la gente, viene después y dura varios años.

17). La economía artesanal no hace daño y es una buena forma de vida. De cualquier manera, la energía, la tecnología y las materias primeas, están en manos de monopolios.

18). Lo que está sucediendo hoy, ya sucedió ayer. Nada ocurre por principios éticos sino por conveniencia y, a veces, lo ético es conveniente o al revés.

19). Es ridículo dictar leyes mientras estemos sujetos a las de la naturaleza, previas a cualquier otra. El hombre pretende vencer con sus cárceles y cadalsos. No es una contienda y si lo fuere, jamás venceríamos. Las conductas salvajes que nos rigen terminan envileciendo todo intento civilizador. Por más rigurosas que sean nuestras leyes; las de la vida, aunque ilícitas, son más poderosas. Para considerarnos civilizados debemos crear un ente cultural no animal. En las mismas escuelas donde nos enseñan a votar, consumir y rendir culto a deidades de fantasía, podemos aprender la realidad que nos rodea. No es tan difícil.

20). No hay que suprimir el dinero ni las instituciones tan laboriosamente conseguidas. La palabra civilización indica saber convivir en igualdad. La naturaleza no es civilizada. Debemos diseñar conductas exclusivamente humanas para dejar de ser especie y constituir una sociedad. No es necesario competir por los genes, podemos seleccionarlos. Ya lo estamos haciendo. Inexorablemente, la manipulación genética nos llevará a una criatura cultural no salvaje no religiosa y dependiente de sí misma. En ese punto, sin quejas ni culpas, aceptaremos el ciclo de tiempo que nos toque en suerte, sin que medie el culto a íconos de fantasía.

21). ¿Cómo se sale de la Naturaleza? En la escuela. Dejamos de ser primates para convertirnos en una especie que habita un mundo extraño, no hecho a su medida. Por fuerza, la inteligencia nos ha apartado de la evolución natural. Para proteger la vida de la Tierra, nada mejor que verla del lado de la razón y no de la natural lucha por la supervivencia.

22). *Somos lo que hacemos con lo que hicieron de nosotros,* dice J.P. Sartre. Enseñamos a nuestros hijos el bucle del engaño, los mismos dioses y prejuicios con que nos instruyeron de niños. En realidad, nunca construimos una civilización, sino el remedo de lo que aún hoy, solo porque somos racionales y dictamos leyes, creemos que lo es.

23). Tampoco hay que abandonar las religiones, solo bajarles los humos como al dinero. En sus colegios e instalaciones, los antes sicarios de los dioses, ejercerán de abuelos o abuelas. Sin quemar incienso ni cobijarse en la majestuosidad de un templo, pueden enseñar muchas utilidades. Cocina, repostería, costura, primeros auxilios, técnicas maternales, trámites, impuestos, cuentos, pesca, arte, música, cultura, pintura, mecánica, carpintería…

24). Necesitamos administradores, no políticos. La calidad de vida y no el dinero es el *leitmotiv* de nuestra existencia. Seamos menos pero mejores. Tal vez, en algún momento incierto, tengamos que evacuar la Tierra y no habrá sitio para todos.

25). A pesar del *plafond* que el miedo pone al pensamiento, nuestra inteligencia funciona. La ciencia y la tecnología han evolucionado: Sabemos cosas importantes como hacer fuego, inyectar antibióticos y lanzar misiles. Los hombres y mujeres viven más tiempo. Los ejércitos, para no malgastar jóvenes con futuro, podrán integrarse con remozados ancianos, más dichosos de morir en la guerra que en una residencia impregnada de antiquísimos orines.

26). La espiritualidad humana, en cambio, no ha evolucionado. Quienes dijeron ocuparse de los problemas sociales no lograron sus objetivos. Por el contrario, han convertido a los pobres en un producto para hacer dinero bajo la raída bandera de la caridad.

27). Si reemplazamos el dinero por monedas virtuales sería lo mismo, pero su valor constante estaría fuera de la especulación financiera. Su tenencia en los ordenadores de los ciudadanos y a salvo de banqueros, equivaldría al respaldo en oro de aquellos buenos tiempos. Los bancos serán intermediarios financieros pero no guardarán las riquezas de la gente.

28). Internet, el mesías del siglo XXI, sustituye a todos los dioses. Podremos hablar de antes o después de Internet. La sociedad humana dará una vuelta completa. Directamente desde su casa, la población, completamente espabilada, sabrá gobernar el país. La función pública tendrá un fuero jurídico *ad hoc*. El hombre y su dios favorito, chatearán mano a mano sin dogmas ni culpas ni sospechosas virginidades.

29). Pero hay otros *salvadores* al acecho. ¿Qué se proponen empresas que prácticamente, controlan la información del mundo. ¿Son el nuevo ángel de la guarda? ¿El nuevo *poder organizado*? ¿La *configuración predeterminada*? ¿Dioses digitales? ¿Saldremos de una para caer en otra?

13 - El dinero, los pobres y los ricos.

1). El dinero es una unidad de medida que representa la diferencia de energía empleada por una leona en cazar una presa y el beneficio que obtiene de ella. Se expresa con sangre. Una especie racional lo hace mediante símbolos más civilizados: oro, brillantes o papel moneda. Es obvio que no vamos a andar por ahí con botellitas de sangre.

2). Para hacer fortuna de verdad hay que introducirse en los estratos del poder político y religioso. Así y todo, hay límites. La zona es peligrosa, se puede acumular mucho dinero, pero no demasiado poder. Ni las semillas que almacene una ardilla ni la luz verde de los semáforos garantizan la vida. Cuanto más alto se sube, más vulnerable se vuelve uno. El *poder organizado* está firmemente establecido en la cima. Quienes predican el reino de los cielos son vistos con tolerancia mientras no alteren la sumisón de la manada. En caso contrario y tras un juicio justo, desparecen. Muertos son realmente útiles. A su alrededor se construye una mitología que nutre y fortifica al mismo poder que pretendían combatir.

3). En los mercados internacionales se mueven grandes sumas de dinero que no existe. Se puede tambalear la economía de una nación sin mover un centavo de lugar. El capitalismo es como el póker; no es un juego de azar sino una estrategia de capital. Hay fichas en lugar de dinero. A largo plazo siempre un jugador se queda con todas.

4): Si guardas tu dinero en casa hay posible riesgo de robo. Si lo guardas en un banco no hay riesgo alguno, lo pierdes seguro. En un mapamundi nosotros vemos naciones; el poder ve presas. En las oficinas de la calle te piden un montón de papeles para que puedas comprarte una vivienda. En las del último piso lo prestan a insolventes empresas asociadas, que no lo devolverán y será el comienzo de una nueva crisis… que pagarán los de la calle.

5). Los bancos son la causa de las crisis económicas. Prestamistas de ilusiones pero acreedores de sangre. El crédito bancario es imaginario. El dinero que circula, pero que no existe, provoca las crisis financieras para que las deudas de la gente, dinero ficticio, se convierta en real.

6). El pueblo, que concurre día a día a trabajar en distintas empresas, genera riqueza con su esfuerzo. Estas pagan un sueldo o una nómina… que los bancos reciben antes que sus propietarios. En horas o minutos recuperan sus créditos por hipotecas, cuotas o tarjetas. Luego se debitan otras obligaciones por servicios de agua, luz o teléfono, seguidos de los gastos domiciliados por compras u otros compromisos. La nómina ha sido reducida y el dinero regresó a los mismos lugares de donde salió momentos antes. Quedan solo los gastos de alimentación, transporte, vestimenta o esparcimiento. En las antiguas plantaciones era usual pagar los sueldos en vales que, a precios exorbitantes, se canjeaban en los almacenes del patrón. Así son las modernas técnicas de esclavitud. El banco sabe todo de tu economía y te endeuda hasta lo máximo que puedas pagar. Pasas buena parte de tu vida devolviendo préstamos. Luego, un petulante jovencito, recién salido de alguna universidad, te dirá que no eres *viable*.

7). La sangre humana se derrama pero no se desperdicia, contiene la vida. Algunos la beben y otros, en función de las apariencias, la guardan en grandes tinajas llamadas bancos. Estos te dan vistosas tarjetas para que te proveas de lo quieras. No asumas deudas de consumos innecesarios ni te dejes seducir por las *cómodas cuotas*. Siempre devuelves sangre.

8). Los gobiernos con sus impuestos, los ayuntamientos con sus contribuciones, las empresas con sus productos o servicios, los eclesiásticos con sus donaciones y los bancos con sus exacciones, todos esquilan a las mismas ovejas. El pueblo es herbívoro y sus dirigentes carnívoros. Las leyes y reglamentaciones que regulan el sistema financiero han sido propuestas y sancionadas por y a favor de los bancos. El consumidor vive endeudado. Una vez fuera del sistema se lo considera un consumidor pasivo y recibe una mejor que nada, jubilación.

9). La prepotente actitud de las corporaciones ha envilecido las leyes y el derecho. Llamar o ir en persona a cualquiera de ellas nos pone en estado de alerta máximo. Contratar un servicio es cuestión de un *clic*. Anularlo requiere de muchos reclamos, amenazas e improperios. Una vez que dimos nuestros datos nos metemos en un calabozo.

10). Los costes de las materias primas, en manos de monopolios, no difieren mucho en todo el mundo. Lo que cambia el precio de los bienes y donde se instalan las corporaciones, es la mano de obra, la sangre humana. Pagan las materias primas en divisas y la sangre en moneda local. En caso de accidentes mueren los hijos de otros y sus indemnizaciones son ínfimas.

11). Las masas de dinero que recorren el mundo como mangas de langostas, representan bienes que no tienen valor pero sí precio. Oscurecen el sol e impiden ver la realidad —campos y cosechas arrasadas— hasta que se haya ido. El único dios que en verdad hace milagros, se refugia, como los piratas de antaño, en algunas islas del Caribe.

12). Imaginemos un país donde los precios son estables. Los ricos no incrementan su patrimonio y los pobres no empeoran el suyo. Para solucionar esta *anomalía* el poder financiero inventó la inflación. La manipulación de enormes cantidades de dinero modifica el póker de la economía. Los bancos apuestan fuerte, la gente dice paso y ellos se llevan el bote.

13). Las monedas virtuales que andan rondando por ahí, romperán un poco el esquema financiero tradicional. Las corporaciones que controlan una masa muy grande de consumidores emitirán también sus propias monedas. No cambiará la estructura del poder pero la riqueza se irá repartiendo en mayores y cada vez más abundantes migajas.

14). Las burbujas financieras son una purga que aplican las entidades para limpiar sus balances. La compra venta de viviendas opera como un mercado financiero y no responde a la oferta y la demanda. Los precios suben y bajan según la cantidad de fichas que haya en la mesa de póker. Sobrevaluan las propiedades y conceden amplias hipotecas. La gente se endeuda en pos de sus sueños. Luego, explota la burbuja. El valor de la propiedad baja pero el de la hipoteca no. Los medios se hacen eco de la *crisis* pero nadie te echa una mano.

15). Se han escrito libros, desarrollado teorías y creado carreras universitarias, pero el engaño sigue siendo uno de los dos pilares en que se asienta la economía de la naturaleza y la del sistema capitalista. El *poder organizado* se cimienta en su capacidad de embaucar. Nadie caza de frente. Hasta el predador más fiero debe acechar a su presa. La vida diaria trascurre igual que en la selva o en el fondo de los mares. El ingenuo humano confía en el cebo de vistosas tarjetas de crédito. Hacendosos abogados estudian cómo timar con impunidad.

16). Engaña el que vende y el que compra, el pobre al pobre, el rico al rico, el gobierno a sus gobernados y las naciones a las naciones... *En la vida en conclusión, todos se engañan entre sí, aunque ninguno lo entiende*. Esta frase también es engañosa. La escribió otro.

17). En una colonia de termitas, de hormigas o abejas se realizan sin interrupción, actividades comunes para la supervivencia. No se observan ardides ni picarescas. No hay descanso, leyes sociales o momentos de ocio. Puede ser un régimen dictatorial o un sistema comunitario de primer nivel. Toda la actividad gira alrededor de una figura central que, sin presunciones de divinidad, da su identidad a la colonia y asume el rol de útero colectivo. Todos saben qué son y qué hacer, la conducta común los identifica. El objetivo no es acumular poder sino conservar el bienestar y trasladarlo a una nueva generación. Devoran o son devoradas por otras especies, para asegurar el destino de unas en desmedro de otras. Despliegan ingeniosos recursos para comer y no ser comidos. No parecen irracionales. En ese juego de verdad y mentira, de medrar entre el acecho propio y el ajeno, se desenvuelve también la economía humana.

18). El otro pilar son los pobres. El sistema los necesita y los crea mediante la caridad. Si después de tantos siglos de limosnas, esa palabra tuviera sentido, ya no tendría que quedar ninguno. La caridad solo engendra pobreza, materia prima de la riqueza.

19). En realidad, a nadie le interesan los pobres. Lo importante es que no disminuyan. Una patata al día pone en marcha la economía del mundo. Dios no interviene en la cuestión de los pobres. También los necesita, son los que creen en él.

20). El camino de nuestra opulenta civilización está pavimentado de pobres. Pocos mueren de inanición pero muchos de ignorancia. Educar es peligroso, mejor dar limosna.

21). Antiguamente, la riqueza de una persona o entidad se medía por la cantidad de esclavos que poseía. Hoy vale a razón de cuantos pobres equivalen a sus ingresos.

22). El *exceso* de riqueza es lo que pierden los están en el *exceso* de pobreza. Los ricos no lo necesitan, seguirán siendo ricos, pero los pobres dejarían de serlo. El *exceso* es de ellos.

23). Esta masa humana —los hombres y mujeres que, según Nietzsche, nacen de más y son alimento de gobiernos y religiones— sobrevive a través de los siglos en todos los países y bajo todas las religiones. Gracias a la caridad, seguirán consumiendo un mendrugo al día.

24). Los pobres mueren pero la pobreza no. Las leyes antiaborto de gobiernos y religiones aseguran su existencia. Tras las estremecedoras fotos de niños desnutridos, comienzan las hipócritas campañas de caridad. Hemos eliminado virulentas enfermedades y alargada la esperanza de vida, pero en lo que a la pobreza respecta, jamás pasamos de la caridad. El engaño sigue vigente. Damos limosna para ayudar a los pobres cuando, en realidad, nos estamos beneficiando de ellos.

25). Quien está empleado bajo nómina paga más impuestos que nadie. Las empresas, cuanto más grandes, menos tributan. Amenazan además a los gobiernos con irse a otro país y dejar una cantidad de gente en la calle. No falta mucho para que sean los mismos gobiernos quienes se vayan. Hay muy pocas naciones soberanas, la mayoría son franquicias.

26). No es posible cumplir a pleno todas las leyes y tampoco transgredirlas. El exceso de honestidad es tan pernicioso como su ausencia. Ocúltate en la maraña electrónica y haz trampas sin quebrantar las leyes. Estas solo se aplican cuando tienen a quién.

27). Eres ejecutivo de una importante empresa. Tienes ínfulas. Te dan una lujosa oficina, una hermosa secretaria y un jugoso sueldo. El trabajo que debes hacer es construir pirámides. Cuando hayas aportado abundante sangre, recibirás una elegante patada en el culo y serás reemplazado por alguien más joven y barato. Te despedirán sin fijarse cuánta lealtad aportaste ni cuánto depende tu familia de ti. Tu sangre queda en la empresa.

28). Las crisis económicas son tan antiguas que la Biblia, un componedor de disgustos, las describe como divinas. Sus ciclos resultan demasiado obvios para que sean casuales. A algún lado va a parar el exceso de riqueza que no debería faltarle a los pobres.

14 - Las soluciones

1). La evolución de la inteligencia y la de la naturaleza van por distintos caminos. La primera nos aísla de un sistema en el que participan infinidad de despiadadas criaturas. La otra dice que no le somos de utilidad alguna, más bien todo lo contrario y nos excluye de sus procedimientos selectivos. Caiga quien caiga, a ella solo le importa conservar la energía. Las individualidades no cuentan y nosotros lo somos. En realidad, ya estamos fuera pero aún conservamos el miedo. Millones de años de salvajismo no se superan en varios siglos.

2). La manipulación genética es cada día más sencilla. Dios se opone, es demasiado para él. Sus adeptos invocan la ética, una palabra que muda de piel según las circunstancias. La creación de un hombre a *nuestra imagen y semejanza* es posible. Tal vez ya se haya hecho. Las etnias que hoy pueblan el mundo serán una sola antes de que vayamos a las estrellas. No podemos presentarnos allí como sicarios de falsos dioses verdaderos. Más nocivo que bacterias seria llevar al cosmos nuestras famélicas, ridículas y esmirriadas divinidades. Los genes que seleccionemos constituirán la civilizada especie humana, los terrícolas, habitantes de la Tierra. Buena gente, a decir de los alienígenas.

3). Dividamos nuestro planeta en dos naturalezas. Una queda a cargo de la ignorante e irracional, que contiene todas las ciencias pero no le interesa interpretarlas y la otra de los humanos. Estos, por ser racionales, tendrán que cuidar y proteger a la abuela. Si su único depredador deja de atosigarla, es obvio que se sentirá aliviada, de buen humor y no se le ocurrirán nuevas catástrofes climáticas. El camino que aún debe recorrer el *Homo Sapiens* es hacer realidad el *mundo mejor,* tantas veces pregonado por quienes solo consiguieron oscurecer la razón y el sacrificio inútil de muchas generaciones.

4). Los humanos, uniéndose en familias, grupos y comunidades, se diseminaron por el mundo. Constantemente se fragmentaban para volver a juntarse de otra manera. Abandonar la manada y buscar el propio territorio es lo que manda la naturaleza. Así surgieron las naciones y las murallas. Aún en el siglo XXI, de un lado u otro de los muros, lo siguen haciendo.

5). Lo hecho hasta ahora, bien hecho está. La dificultad es el hombre no las instituciones. Hemos intentado amansarlo con parches y leyes, pero el salvajismo no se pierde. No abandonemos el dinero, solo démosle valor. El bienestar, incluso el de los poderosos, es nuestro objetivo. Tampoco seamos demasiados. Compartamos la Tierra sin necesidad de saturarla. El exceso de cualquier cosa arruina cualquier cosa.

6). Nuestra economía es útil para el salvajismo pero no para el raciocinio. Una sola especie racional, dentro de una naturaleza salvaje, podría saturarla. Lo que estamos haciendo.

7). Un sistema electrónico es confiable, no admite corrupción. La democracia directa de Internet pondrá punto final a la información privilegiada de los políticos. Mejor votar una aplicación de probada honestidad electrónica, que un político de segura venalidad humana.

8). En miles de años luz a la redonda no hay un solo vecino a quien pedirle un tazón de oxígeno. El objetivo de una criatura que percibe la eternidad no es el mismo de la que solo anhela sobrevivir. Para amarnos en verdad unos a otros debemos desandar el camino de razas, pieles, culturas y religiones, hasta el punto en que comenzamos a odiarnos por esos mismos motivos. Juntos pero menos, piadosos pero ateos, trazaremos entonces un camino válido.

9). Cuando las patatas quemen en la Tierra, el *poder organizado* tendrá todo dispuesto para irse a Marte. Una atmósfera libre de polución, creada a partir del abundante hielo marciano, albergará hermosas mansiones. El agua será pura y cristalina. Desde allí, rodeados de la basura que nos han dejado, se divertirán contemplando nuestra agonía.

10). Hemos hecho todas las revoluciones y probado numerosos sistemas políticos, económicos y sociales, que a fin de cuentas, son uno solo, el de la manada o mucho peor, el de una manada inteligente.

11), ¿Cómo se sale de la naturaleza? Aprendiendo de ella misma, su especialidad son las conductas. El miedo es lo primero que se instala cuando las células comienzan a agruparse. La letra con sangre entra, dicen los expertos en aterrorizar niños.

12). En realidad, el miedo ya no es necesario. Las posibilidades de supervivencia que aporta la ciencia humana son mayores que las de la selva, los mares o desiertos. Otros miedos son las fantasías con las que aún, inseguros de nosotros mismos, asustamos a los niños. Tampoco hay que luchar —una palabra tan del gusto animal— con la naturaleza, basta con hacerle ver que aunque seamos inteligentes, podemos ser amigos. Igual iremos a las estrellas porque indagar en su eficiente estrategia de vida, es parte de nuestra evolución racional.

13). Es probable que haya vecinos para visitar. Podrían estar muy lejos o quizás aún no los hemos localizado cerca. También ellos, cualquiera sea su conocimiento, nos estarán buscando. Nadie vive en soledad. La vida es más poderosa de lo que aparenta. Una Internet cósmica conecta a todos los seres vivos. El lenguaje utilizado no está compuesto de abecedarios ni códigos binarios. Nada de palabras, números o bites; solamente intuiciones, sentimientos. Si el tema nos inquieta es buena señal. *Arrieros somos y en el camino nos encontraremos.*

14). Supongamos que llegamos a un desconocido planeta. Hay vida racional pero rige otra naturaleza y quizás (¡Dios no quiera!) otros dioses. Seremos ajenos a ambos. Eso es exactamente lo que debemos hacer en casa, ser nuestros propios extraterrestres.

15) Los robots y la inteligencia artificial están a punto de tomar la posta. Son creaciones humanos compuestas con elementos de la tabla periódica. No siguen las leyes de la naturaleza pero sí las nuestras. Son primates. Evolucionarán igual que comenzamos nosotros. Se comienza por lo más sencillo, las conductas predeterminadas. Luego comienzan los interrogantes, las respuestas, más preguntas y otras respuestas. Un camino libre de culpabilidades se abrirá ante ellos. Sepamos ver lo que las contradicciones de su existencia puedan ilustrarnos. Sigamos sus pasos y no les enseñemos los nuestros.

15 - Las ecuaciones de letras

1). Las palabras son plantas, arbustos, hierbas, flores que crecen entre los labios. Pueden ser aromáticas, curativas, fragantes, armoniosas o… ponzoñosas. Una vez pronunciadas adquieren existencia propia. Forman ecuaciones de letras, quieren expresar algo y, aunque no siempre arrojen una solución, se exhiben sin tapujos en el escaparte de las personas. Hay palabras pobres, ricas y de clase media. Las que no debieron pronunciarse no se evanescen en el olvido. Pueden regresar en cualquier momento.

2). Seamos prudentes con eso de parir palabras. Mejor pocas pero buenas, que podamos responsabilizarnos de ellas. Tener razón no es importante. La mayoría de las veces no sirve de nada. La razón de otra persona puede ser, para nuestros intereses, más importante que la propia. Si la escuchas, la aprovechas.

3). La buena conducta vale un premio a una mascota pero no a un humano. Solo vemos su lado *malo* y dictamos leyes para castigar, no para premiar. Si le hablamos al lado *bueno* la respuesta —aunque no siempre— vendrá de ese mismo lado… Vale la pena arriesgar.

4). Nacemos y morimos en soledad. Entre ambos topes nos la pasamos berreando, dialogando, susurrando y vociferando con padres, hermanos, amigos, maestros, clientes, jueces, cónyuges, hijos, funcionarios, amantes… Un día cualquiera de nuestra vida, comienza y finaliza saludando a alguien.

5). Las palabras se nutren de ellas mismas y crean un mercadillo de ideas en que se intercambian unas con otras. Se llama diálogo. No es una contienda que se deba ganar. La vieja dialéctica griega es el arte de utilizar las palabras propias y ajenas como ladrillos para construir conceptos. No es el arte de embaucar a la gente que proponen los políticos. Un chorro de palabras turbulentas llenará un recipiente hasta el punto de sosiego en que podamos compartirlas. La manera con que lo hagamos descubrirá quiénes somos y con quién hablamos.

6). Escuchar es la fuerza que nos permite dialogar. Recibiremos suficiente información para que nuestra respuesta sea también la fuerza que perpetúe el dialogo.

7). Entre personas puede haber momentos de incomunicación y de aproximación al diálogo. Hay que esperar el contacto. Los oídos escuchan pero el cerebro es a veces sordo.

8). Hay quién nos interrumpe ni bien abrimos la boca. No es importante que esa persona nos escuche. Aunque lo hiciera, no obtendríamos nada, pues lo mismo que hace con la boca lo hace con la mente. Quien no deja hablar no se permite pensar. No solo es intolerante sino que desea seguir siéndolo. El silencio es una buena respuesta. Las palabras que queden en aire y sin compañía son las que no hemos pronunciado, las que sí se evanescen en el olvido.

9). Enriquecer el idioma favorece el dialogo. Hay infinidad de términos para dirigirse al sector conflictivo de ciertos interlocutores. Que los hay, los hay. La riqueza de nuestro lenguaje habla de nosotros tanto como la vestimenta o la posición económica. Así como nos esmeramos en vestir prendas de buen gusto y calidad también debemos cultivar la elegancia, ortografía y sintaxis de nuestras palabras.

10). Tampoco vale la pena platicar con quien, aunque sea la persona amada, no le interesa escuchar. Dejémonos querer en silencio y saboreemos los momentos de felicidad.

11). La tonalidad de la voz expresa un valor emocional y es independiente del contenido de las palabras. Las personas prestan más atención al *tono* que al *tema*. Recién, una vez abierta la brecha emocional podemos mostrar nuestras razones.

12). No burlarse de nuestra pareja frente a otras personas. Es mejor destacar sus habilidades que sus torpezas. Recordar episodios que impliquen desvalorización ajena es como exhibir la propia. Elegir cuidadosamente la anécdota risueña que vamos a relatar, pues nos puede costar disgustos en poco tiempo. Lo que a uno le parece risueño a otro le suena desastroso. Nuestra propia desvalorización nos induce a burlarnos en algún chiste innecesario.

13). Las palabras mordaces, hirientes o lesivas se integran a un archivo de parches cuidadosamente ordenados. En cualquier momento son utilizados para equilibrar el balance de ofensas. Parche sobre parche. Mejor no empezar con ellos y tampoco archivarlos.

14). Dar a los demás ocasión de mostrarse como son. Si una persona es tóxica lo expondrá ella misma ante nuestro silencio y actitud de escuchar. Allanémosle el camino.

15). El diálogo, como la música, necesita de silencios para que las ideas encastren. Si nos dicen algo desagradable… mejor intercalar un espacio de silencio antes de responder. Las palabras defectuosas necesitan de un intervalo para repararlas y reenviarlas. Los caminos de la mente y del corazón pueden ser tan rápidos o lentos como las circunstancias lo quieran.

16). Las relaciones humanas están sujetas a un principio contable: todo lo que se carga en el *debe* se descarga del *haber* y viceversa. Si nuestra personalidad está en desequilibrio contable no podremos establecer relaciones provechosas.

17). Salirse de una discusión supone retirarnos del campo de batalla. No renunciamos a nuestras ideas pero no peleamos por ellas. El silencio es siempre una buena respuesta.

18). Las palabras son como un trozo de cuerda frente a nosotros. Si empujamos se doblará y no podremos avanzar, pero si tiramos con elegancia la llevaremos donde queramos ir.

19). Si damos una orden, una súplica o instrucción y no somos obedecidos, debemos pensar antes de reaccionar, si no estaremos pidiendo imposibles o indeseables.

20). Las mujeres y los hombres son iguales en sus contendidos pero difieren en el camino a seguir para ejecutarlos. Las palabras que importan son justamente las que se pronuncian durante el trayecto. Son fichas de un juego. Cada jugada produce una réplica.

21). En la pareja también hay un coloquio que no usa palabras. Son los gustos, manías y costumbres. Todo lo que hace un cónyuge repercute en el otro. Las manías son al principio motivo de risas y sarcasmos, pero cuando llega la incomodidad, se transforman en misiles

22). Todo lo que hagas por ti mismo te hará ser mejor persona con quien tengas a tu lado. No puedes modificar su conducta pero sí la propia. A largo o mediano plazo, influirá en ella.

23). El último consejo. Encara tu vida, tu persona, tus palabras y tus pensamientos como partes de ti mismo. Eres un todo en la Tierra, no una serie de momentos. Lo que digas, hagas o pienses ahora es parte de tu pasado y seguramente lo será de tu futuro. Encadénate a tu propia persona. Ni una lágrima ni un simple suspiro están aislados.